给忙碌者的
7天哲学课

张智皓 —— 著

中国出版集团公司
华文出版社

图书在版编目（CIP）数据

给忙碌者的7天哲学课 / 张智皓著. -- 北京：华文出版社，2022.1
ISBN 978-7-5075-5501-1

Ⅰ．①给… Ⅱ．①张… Ⅲ．①哲学－通俗读物 Ⅳ．①B-49

中国版本图书馆CIP数据核字（2021）第188593号

给忙碌者的 7 天哲学课

作　　者：	张智皓
责任编辑：	方昊飞
出版发行：	华文出版社
地　　址：	北京市西城区广外大街 305 号 8 区 2 号楼
邮政编码：	100055
网　　址：	http://www.hwcbs.com.cn
电　　话：	责任编辑 010-63430751　发行部 010-58336202
	总编室 010-58336239
经　　销：	新华书店
印　　刷：	三河市航远印刷有限公司
开　　本：	880×1230　1/32
印　　张：	6.75
字　　数：	159 千字
版　　次：	2022 年 1 月第 1 版
印　　次：	2022 年 1 月第 1 次印刷
标准书号：	ISBN 978-7-5075-5501-1
定　　价：	48.00 元

版权所有，侵权必究

| 目录 |

第一章 什么是哲学 \001
原始定义：热爱智慧的人 \003
探讨主题：宇宙、知识、伦理规范、宗教、心灵、人与政府 \005
探讨方法：演绎论证、归纳论证 \007
西方哲学三大基本问题：形而上学、知识论、伦理学 \011
3分钟重点回顾 \023
哲学语录 \024

第二章 哲学的起源与发展脉络 \025
苏格拉底之前：西方哲学的宇宙论时期 \026
雅典与三位哲人：西方哲学的人事论时期 \031
希腊化时期：西方哲学的伦理学时期 \038
中世纪哲学：西方哲学与神学结合的时期 \044
近代哲学：西方哲学与科学结合的时期 \050
当代哲学：西方哲学百花齐放的时期 \056
3分钟重点回顾 \062
哲学语录 \063

第三章 哲学的重要人物与理论 \065
西方的孔子：苏格拉底 \066
哲学家皇帝：柏拉图 \069
科学之父：亚里士多德 \072
基督教教父：奥古斯丁 \075
神学泰斗：阿奎纳 \077
近代哲学之父：笛卡尔 \081
哲学界的牛顿：洛克 \084
彻底的怀疑者：休谟 \087
哲学界的哥白尼：康德 \090

| 目录

矛盾的协调者：黑格尔　\093
分析哲学的典范：罗素　\097
最难懂的哲学家：维特根斯坦　\100
哲学爵士：波普尔　\103
正义的代言人：罗尔斯　\107
哲学家的哲学家：奎因　\110
3分钟重点回顾　\114
哲学语录　\116

第四章　哲学的学科分支　\117

政治哲学　\118
心灵哲学　\124
宗教哲学　\130
语言哲学　\137
科学哲学　\143
3分钟重点回顾　\150
哲学语录　\152

第五章　用哲学看世界　\153

问题一：我们可不可以吃肉　\155
问题二：国家有权利设立死刑吗　\158
问题三：公众人物感情出轨，为什么要跟大家道歉　\161
问题四：机器人可不可以有人权　\163
问题五：恐龙法官真的很"恐龙"吗　\166
问题六：人可不可以自杀　\169
问题七：堕胎有没有不道德　\172
问题八：有不违背道德的战争吗　\175
问题九：我所存在的世界是真实的吗　\178

| 目录 |

问题十：恶法算是法律吗 \182

3分钟重点回顾 \186

哲学语录 \188

第六章　实践哲学 \191

工具一：通过询问来确认问题 \192

工具二：类比法 \194

工具三：归谬法 \196

工具四：思想实验 \198

工具五：简单性原则以及最佳说明推论原则 \200

3分钟重点回顾 \204

哲学语录 \206

DAY 1
第一章　什么是哲学

　　这个世界上有许许多多的问题，如数学问题、化学问题、物理问题，当然，也会有哲学问题。如果我们想知道什么是数学问题，我们要先了解什么是数学；同样，若想了解什么是哲学问题，我们大概也要先了解什么是哲学。那么，什么是哲学？有趣的是，这个问题看起来好像也是一个哲学问题。

什么是哲学？
哲学的定义、主题及探讨方法

当前，许多人将哲学视为一种类似心灵导师的学问。我们走进街上的书店，时常可以看到架上有许多关于生活哲学的书，这些书的内容通常将哲学思想看成一种生活态度，希望通过一些简单却富含深意的句子，引导我们的生活方向。更有甚者，许多人将哲学视为算命学的一种，认为哲学可以使我们上知天文、下知地理。确实，在中国早期，哲学常跟《易经》、卜卦有密切关系。对于许多早期的中国思想家来说，《易经》内蕴藏了真理，或者以他们的语言来说，里头蕴藏了"道"。这些中国思想家们试图通过解读《易经》来得道，并且认为得道之后，就可以掌握过去与未来。除此之外，还有许多人认为，哲学就是用许多的术语谈论一些很玄妙的东西，而哲学家们说话总是高来高去，完全让人摸不着头绪。

这些是我们日常生活中所认定的哲学，看起来，哲学好像有非常多也非常丰富的面向。从上述这些日常生活的使用上来看，我们发现其中有一个共同的特征：哲学很"**抽象**"。哲学的确有抽象的一面，毕竟思考本身就是一种很抽象的行为。但哲学也可以是一门很**具体**的学问，西方哲学的思考传统正好可以为这样的具体性做出保证。写这本书的目的，正是希望让读者了解，我们怎么通过逻辑与观察做出具体的哲学讨论。

哲学思考起源于人类的**好奇心**。人类不同于其他动物，动物通常只为了生存而活，但是人类要的更多。当人们不再需要每天为了维持生命而行动时，对于周遭事物的好奇心便油然而生。我们开始好奇，那些挂在天上闪闪发亮的东西为什么不会掉下来？天空中那颗发热的大火球为何会依照一定的轨迹出现和消失？人们对于大自然的种种现象感到惊奇，同时，也对于"人"感到惊奇。

人是怎么样的动物？人跟其他动物有什么差别？人死了以后会怎么样？

许许多多的问题充斥在人们的日常生活中，为了消除这些疑惑，人们开始透过日常生活的观察，以及丰富的想象力来说明这些问题。可能有人看了这些问题以后会感到疑惑，这些问题难道不是科学问题吗？怎么我们可以说这些是哲学问题呢？我的回答是这样的：**哲学向来不是一门专业的学科，而是一种思考与反省的"方法"**。我们大概都会同意，不论哪一种专业学科，诸如数学、物理学、化学以及生物学等，思考与反省向来都是促使它们进步的重要推手，而哲学就是扮演这样的角色。哲学思考可以让我们对问题做出深度的分析；了解问题之后，我们才有可能解决问题。

为了更了解什么是哲学，让我们通过其他更"具体"的方式，来看看浪漫而又充满创造力的哲学思考，是如何诞生的。

原始定义　热爱智慧的人

哲学的原始定义一直都有争议。哲学是一种思考方式，而根据目的与文化的不同，"哲学理所当然也会有不同的内容"。但是我们一般可以从两方面来探讨哲学的定义：**哲学的字源以及哲学活动的起源**。

（一）哲学的字源

古希腊人将哲学家视为热爱智慧的人。哲学（Philosophy）的字根是希腊文，可以拆成希腊文的 philein 以及 sophia。philein 的字面意思是"**热爱**"，而 sophia 的字面意思是"**智慧**"。因此，举凡所有追求智慧的活动，皆属于哲学活动。博士学位上的 Ph.D. 头衔，其实就是 Doctor of Philosophy（哲学博士）的缩写。这些人在他们的领域里通过不断的研究及努力，对学术发展做出贡献，因而被认可为热爱智慧的人。从哲学的字源上，我们大概可以对什么问题算是哲学问题，给出一个一般性的答案：人们出于对智慧的热爱所探究的问题，大概都可以被视为**哲学问题**，而探究这些问题的人，就可以被称为**哲学家**。哲学家的头衔不同于数学家、物理学家或化学家，这些头衔需要具备许多基本的专业能力；要被称为哲学家，所需的基本能力只有热爱智慧。因此，每一个怀抱有探求智慧之渴望的人，都可以被称为哲学家。

（二）哲学活动的起源

哲学活动从来就没有单一起源，也不可能会有单一起源。只要有人的地方，就会产生哲学活动；从人们开始尝试通过思考解答生活中的问题时，哲学思考就已深入人心。**哲学思考**是一种智性的活动，人们通过语言以及理性掌握智慧；从以前到现在，人们总是不停地面对问题并解决问题，而哲学思考可以被视为一连串解决问题的过程。从历史上来看，古希伯来人和埃及人通过对天象的观察、对生命的反思以及对数学概念的掌握，发展出一套完整的天文学理论、宗教理论及数学理论，尤其埃及人更是着迷于出生与死亡、灵魂与来世之间的关系。印度早在公元前一五〇〇年就已经有经典教义《吠陀经》传世，我们可以从其中发现一套颇完整的宗教思想及世界观。

公元前六〇〇年，位于东方的中国已经拥有高度的政治思想，著名的思想家如孔子，发展出一套以探讨社会和政府关系为核心的哲学思想，以"礼"作为人与人之间相处的道理，以"仁"作为其道德思想的最高指标。希腊人原是游牧民族，后来南进爱琴海地区，由于其地理位置邻近地中海，随着地中海地区的海上贸易愈益兴盛，希腊人常与外地文化有所接触，因而慢慢学习新知。他们通过埃及文化学习建筑学、几何学，并从巴比伦文化中学习天文学。通过这种不断学习以及融合，希腊开启了广泛影响西方世界的希腊哲学图景。

从上述的历史中，我们可以发现，印度与埃及的哲学思想，很大一部分受其**宗教思想**所影响，他们关注人的灵魂与自我，在乎人的死亡及死后的世界。中国的哲学思想则受到高度的**政治文化**所影响，主要的思想内容都是以人际关系作为探讨对象。希腊哲学受到许多外来科学理论的影响，其哲学思考含有浓厚的逻辑与数学风味。

探讨主题 宇宙、知识、伦理规范、宗教、心灵、人与政府

哲学探讨的主题会依时代背景的不同而改变。在古代，几乎所有问题都被认为是哲学问题。随着时代的演进，知识开始细分成各种不同领域，许多问题也由一开始哲学家所关注的哲学问题，慢慢转变为其他专业学科所关注的问题。然而，不论如何转变，我们大致上都可以从这些学科里找到哲学的痕迹，因为任何学科都需要通过理性与观察来追求答案，而**理性**与**观察**正是哲学思考所标榜的哲学方法。

（一）终极真理

人们希望透过哲学追寻真理，进而了解世界的样貌。不管是位处西方的埃及人、希腊人，还是位处东方的印度人、中国人，都想认识这个世界，进而认识这整个宇宙。人们通过对事物的观察以及想象来说明宇宙起源（Cosmogony），**形而上学**（Metaphysics）于是应运而生，探讨最终的实在。

（二）知识的来源与条件

但是，要认识世界，我们必须要有一套可靠的方式，以获得关于世界的知识。于是，人们思考知识如何被认可，以及用什么方式获得知识才是可靠的，**知识论**（Epistemology）因此扎下了根，探讨知识的来源与条件。仅仅了解宇宙起源，不足以满足人们对于知识的渴求，为了与周遭环境和谐相处，人们希望能够掌握世界的"规则"。于是，探讨世界规则启发了古代的自然哲学，而这也是现代自然科学的前身。

（三）伦理与道德规范

此外，人们认为世界上除了自然的规则之外，还存在着人际间相处之善与恶的区别。有些行为被认为是善行，有些则是恶行，于是许多思想家开始思考所谓"善的规则"，并且希望通过这些规则来指引我们的生活，**伦理**

学（ethics）因此开始占据人心，即探讨伦理与道德规范。

（四）宗教现象与神

只有规则还不够。如果只有规则，没办法确保人们会遵守这些规则，有些人可能会破坏规则（比如以武力使他人屈服），以获得更好的生活。因此，人们需要赋予这些规则足够的力量，也就是使这些规则具有规范力。为了达到这样的目的，有些人开始诉诸宗教，主张人活着的时候违背了善的规则，死亡以后就会受到神的审判，**宗教哲学**（Philosophy of religion）开始进入人们的生活，探讨宗教现象与神。

（五）心灵现象与自我

我们都知道人死后身体会腐坏，为了说明人死后会受到神的审判，我们必须要诉诸一个不会腐坏、纯精神上的实体——灵魂，来接受审判。因此，身体与灵魂的二元理论开始被讨论，**心灵哲学**（Philosophy of mind）开始盛行，探讨身体与心灵之间的关系。

（六）人与政府之关系

现代国家兴起之后，政府与人民应该如何相处、政府权力的限制以及人民权利的抬头，成为许多思想家埋首苦思的难题，**政治哲学**（Political philosophy）开始跃上台面，探讨人与政府之间的关系。

哲学所探讨的主题当然比上述还要多上许多，而且各种不同领域的哲学问题，也各自拥有丰富的讨论与主题。上述内容只是让我们对哲学各领域之间的关联有个轮廓。

必须注意的是，哲学探讨的主题，彼此之间时常环环相扣，有着紧密的联结。而且，随着时代的进步，新的技术时常引发新的问题，而这些问题往往可以与哲学互相结合，让人们更加了解这些新问题的样貌。比如说，计算机的发展使得我们理论上拥有创造出人工智能的可能性，而人工智能的研究很大程度上将依赖心灵哲学的研究，因为人工智能的目的是要让机器模仿人类的心灵，而心灵哲学正好是以人类心灵为讨论对象。生物科技的进展，也让人们开始拥有复制人类的技术。这种技术产生之后，相应而生的问题就是复制人类所产生的伦理议题，此时伦理学就可以被拿来作为讨论的工具。

这种伴随新技术而来的哲学讨论还有许多，而且，哲学问题永远都没有问完的时候，我们也不可能为所有的哲学问题提供一个正确答案。只要人们保持着好奇心以及解决问题的企图心，哲学活动就会一直延续下去，并透过不同的时代、背景、问题，进而产生新的哲学主题。

探讨方法　　演绎论证、归纳论证

哲学思考以理性为基础。哲学研究注重**讨论**，任何注重讨论的学问都有一个最重要的元素必须满足，就是讨论的内容可以被他人理解。因此，要和别人讨论哲学问题，一定要能够让他人清楚了解我在**说什么**，我说的话是**什么意思**，我是基于哪些观察产生我的前提，以及经过怎样的推论得出我的结论。一个好的讨论，最重要的一点在于讨论的双方都必须对语言有基本的掌握与使用能力；哲学讨论正是致力于将这样的能力运用到极限。

亚里士多德曾说："人是理性的动物。"也许就是因为人是理性的，才会发展出哲学理论与哲学方法。先前我们讨论过，与其将哲学视为一门"学科"，不如说哲学是一门教导我们如何运用理性来思考的"方法"。理性可以有很多种，单看目的而定，哲学最常使用的理性能力为"**逻辑能力**"。通过观察，我们对各种事物及概念做出性质上的区别与分类，接着使用逻辑来做出论证。哲学理论的说服力奠基于逻辑论证之上，因此，想要学习哲学思考，必定要先了解如何建构一个符合逻辑的论证。

逻辑是一门非常专业也十分艰深的学问，在哲学界甚至有"只有最聪明的哲学家才能研究逻辑"这种说法。还好，我们不需要懂非常多的逻辑，也能够使用或者理解哲学论证。其实，我们需要的逻辑能力，已经在日常生活中经常被我们使用了，只是我们没有意识到这些就是逻辑。

因此，我们不必担心自己会因缺乏足够的逻辑能力，而不能进入哲学推论的世界。

一般来说，哲学论证可以透过两种方法来呈现：**演绎法**（Deduction）与**归纳法**（Induction）。使用演绎法的论证称为**演绎论证**（Deductive argument）；同样地，使用归纳法的论证称为**归纳论证**（Inductive argument）。

（一）演绎论证

让我们先从第一种论证开始谈起，下列是哲学界著名的演绎论证例子，这个例子可以很清楚地说明这种论证的结构：

〈演绎论证〉
前提一：所有人都会死
前提二：苏格拉底是人
结论：苏格拉底会死

演绎论证是最严谨的一种论证，几乎所有数学以及物理证明，都是采取演绎论证的形式。在一个有效的演绎论证[①]中，如果前提都是真的，那么经由适当的逻辑推论，就可以确保结论是真的；前提与结论之间有必然的联结。上面的例子中，前提一跟前提二确保了结论是真的。

演绎论证看起来是不是非常地符合我们日常生活的直觉呢？事实上，在日常生活中，我们时常在使用演绎论证。比如说："今天我想要去邮局存钱，但是我知道邮局在礼拜天整天都不会营业，我也知道现在是礼拜天下午两点。"那么我就可以得到一个结论："我现在去了邮局也没办法存钱。"如果我们把上述这一小段话整理成演绎论证，形式大概会是这样：

---

① 演绎论证又称为有效论证（valid argument）。一个论证如果是有效论证，则如果此论证的前提都是真的，那么此论证的结论也必定是真的。

〈演绎论证〉
前提一：邮局礼拜天整天都不营业
前提二：现在是礼拜天下午两点
结论：邮局今天没有营业，所以我现在去邮局也没办法存钱

当然，一个哲学论证的前提可能有很多个，推论过程可能也会比较复杂，但是无论如何，我们已经时常在生活中实践这种推论形式，因此我们不需要为此感到担心。

（二）归纳论证

接着，让我们来看看第二种形式的论证。同样地，我们也以一个哲学界著名的归纳论证当例子，检视这种论证的结构：

〈归纳论证〉
前提一：观察到一只乌鸦是黑的
前提二：观察到两只乌鸦是黑的
前提三：观察到三只乌鸦是黑的
....
前提N：观察到N只乌鸦是黑的
结论：乌鸦是黑的

归纳论证的严谨程度没有演绎论证高。从上面的例子中我们会发现，归纳论证的特性在于只要没有出现反例（非黑色的乌鸦），经过足够多的样本之后，就可以直接推论出乌鸦是黑的。在归纳论证里，前提是真的并不会确保结论也是真的，结论与前提之间没有必然的联结。就算我们发现一百万只黑色的乌鸦，也不能保证乌鸦就是黑色的。

严格说来，归纳论证不算是真正的逻辑论证，因为真正在逻辑上有效的论证（也就是演绎论证），要求正确的前提所推论出来的结论也必定是正

确的。因此,一个论证如果能够以演绎论证的形式表达出来,是最理想的,这种形式可以确保此论证的结论是真的。

但是,如果做出演绎论证以后就保证结论为真,哲学家们还有什么好吵的呢?确实,要建构一个逻辑上有效的论证,对许多人来说是相对容易的,真正困难的地方在于:我们要如何保证前提的正确性。例如下面的例子:

前提一:没人游五十公尺所花的时间可以少于十八秒
前提二:小明今天参加游泳比赛,游了五十公尺
结论:小明游五十公尺所花的时间会高于十八秒

这个例子是一个演绎论证,如果前提一跟前提二都是真的,将保证结论也是真的。但这个论证不一定健全①,因为前提一未必为真。我们用来支持前提一的理由是到目前为止,所有纪录都显示没人游五十公尺的时间可以少于十八秒。但这个理由也是通过归纳而来,并不代表未来就没有人可以达成,因此前提一未必为真。

哲学家们就是通过不停地检视论证及修改论证,来思考问题。因此,要学会哲学思考,必须对事物保持质疑的态度,不能够轻易地就相信我们所接收到的信息。对于一个热爱智慧的人或者哲学家来说,我们会十分重视所接收到的信息究竟是真是假。我们会很认真地检视所接收到的信息,检视支持此项信息的理由是否真的能够成立,根据观察以及理性思考,选择是否要相信或者拒绝相信。如此反复探讨一个哲学论证的前提,以及前提背后的内容,如果这些前提都可以被我们接受,我们才能因此相信结论。哲学家们就是通过这种方式来讨论哲学,唯有不停地质疑与排除错误,才有可能愈来愈接近真理。

---

① 一个论证如果是健全论证(Sound Argument),则这个论证不但是有效的,此论证的每一个前提也都必须是真的。

西方哲学三大基本问题　　形而上学、知识论、伦理学

许多学科都有所谓的基础学问，比如说，当我们在学习经济学时，我们需要以经济学原理作为出发点，接下来才是总体经济学与个体经济学；当我们在学习机械工程学时，我们首先要学习基础物理，接着才是学习各式各样的力学与材料学。就像经济学与机械工程学一样，哲学这门学问也有所谓的基本科目：**形而上学、知识论、伦理学**。这些基本科目被称为西方哲学的三大基本问题，从这些问题底下衍生出来的哲学分支与哲学问题，几乎是列举不完的。而且，在所有的哲学问题里，我们不难看到这三大基本问题的影子。因此，对这三大基本问题有一些初步的了解，将有助于我们进入哲学这个充满魅力与不确定性的领域。

（一）形而上学

在所有的哲学分支中，形上学大概可以被视为最古老的一门学问。远在公元前六世纪的古希腊时期，哲学家泰勒斯（Thales，前 624—前 546 年）就已经提出形上学问题："世界的本质是什么？"并尝试为这个问题提供答案。形而上学又被称为**第一哲学**（First Philosophy），我们可以从这个名称看出形而上学这门学问在哲学上的重要性。那么，形而上学到底是一门关于什么的学问呢？要对这个问题给出答案不是一件容易的事，而且在哲学上，通常不会有一个所有人都满意且接受的答案。但是不论如何，想要知道形而上学是什么，我们至少可以先从形而上学都在讨论什么问题开始谈起。

在哲学史上，形而上学探讨的主题常会依时代的不同而有所不同。这个意思不是说一个形而上学问题被解决以后，在接下来的另一个时代，人们开始讨论另外一个形而上学问题。我们要时刻铭记在心，自古到今从来没有任何一个形而上学问题被解决，但这并不代表早期的形而上学问题后来没有再被提出来讨论，只是比较不受当代的关注罢了。形而上学所探讨的核心问题之所以会转移，很大一部分是受当时文化及时代背景影响。

❄ 古希腊时期

古希腊早期是一个民智初开的时期，人们在获得了一些基本的数学及天文学知识后，开始发现他们能够通过理性，探讨一些他们原本认为只有神才知道的问题。此时期的哲学家最先探讨的形而上学主题是**宇宙与世界的本质**，更确切地说，他们想要知道这世界的真实样貌是什么，构成世界万物的基本物质到底有哪些，以及这些东西究竟如何构造出我们所居住的世界。

❄ 中世纪时期

到了中世纪，由于**基督教**兴起，此时期的哲学家最热衷探讨的形而上学主题就是上帝。关于上帝的主题有很多，但最终都脱不开探讨上帝的存在。许多具有虔诚信仰的哲学家，终生致力于论证**上帝的存在**，并且希望通过这些论证，让人们可以更坚定自己的信仰。会有这样的情况其实一点也不令人意外，因为中世纪时期宗教力量非常庞大，西方世界被视为政教合一的世界。当时只有贵族与传教士可以阅读哲学古典，而传教士们可以读的古籍都已被筛选过了，因此更加深他们的信仰及对上帝的景仰。我们可以说，整个中世纪的形上学，几乎就是在寻找上帝存在的证明。

❄ 文艺复兴时期

近代的形而上学讨论主题，可以从十六、十七世纪开始谈起。当时**艺术**与**科学**兴起，人们迈向另一个理性能力快速进展的阶段，新的科学技术与科学理论相继出现，开始挑战人们对于世界的认知。在十五世纪以前，人们

哲学小词典

形而上学（Metaphysics）：一门研究事物本质与基本原理的学问，希腊文原意为"在自然之后"。笛卡尔以大树作比喻，将人类知识分成三部分，最基础的即是形而上学，比作树根；其次是物理学，比作树干；第三是其他自然科学，比作树枝。形而上学又有"第一哲学"的称号。

对于世界的理解来自于**托勒密**（Ptolemaeus, 90—168 年）的**地球中心学说**，主张地球是世界的中心，这个宇宙包括太阳都围绕着地球在旋转。直到十六世纪，哥白尼（Nicolaus Copernicus, 1473—1543 年）提出了**太阳中心学说**，挑战当时基督教世界的世界观。接着再由**伽利略**（Galileo Galilei, 1564—1642 年）进一步证实哥白尼的学说，之后基督教世界所建构的世界观开始逐步瓦解。

牛顿（Isaac Newton, 1642—1727 年）从伽利略的研究中获得了启发，提出著名的**牛顿力学三大运动定律**，以此推动科学革命的开展。牛顿力学深深影响当时的思想家，许多人开始认知到世界的运行有一定的规则，万事万物似乎都依循着物理定律规律地运动，我们可以根据物理定律预测下一时刻的物理状态。这似乎意味着所有的物理事件都是被先前的物理事件所决定，而我们只是看着这些事件发生。哲学界涌出许多**决定论**（Determinism）与**自由意志**（Free will）[①]的争论，焦点在于我们到底有没有自由意志。我们在日常生活中所下的决定，究竟是出于我们的意志，还是早就被物理定律决定好了呢？

形上学讨论的主题十分丰富，除了上述提到的主题外，还包含了**因果关系**、**等同关系**、**可能世界**等概念。

❀ 各时代的共同主题：探讨实在

> **名家逸事**
>
> 形而上学的中文译名取自《易经》"形而上者谓之道，形而下者谓之器"一语，为日本人井上哲次郎（1856-1994 年）据形而上学的英文 Metaphysics 翻译而来。井上哲次郎是日本著名哲学家，曾留学德国。他热烈支持帝国主义，并排斥基督教，认为其与日本文化水火不容。

---

① 自由意志早在中世纪时期就已有相关讨论，但在科学革命后，决定论被视为一种主流思想，许多哲学家认为自由意志的存在只是一种幻想，人们是否拥有自由意志的问题又再一次地突显出来。

虽然形而上学讨论的主题随时代而转变，但是，我们可以从这些主题中发现一些共有的特性。不论是早期讨论世界的本质，还是中世纪探讨神的存在，以及近代关于决定论与自由意志的争论，我们可以发现在这所有的主题中，形而上学都想探讨**实在**（Reality）是什么。探讨"实在"听起来很难理解，我们可以先从**"表象"**（Appearance）开始谈起。我们知道，如果桌上放了一杯水，在水里插一支筷子，从外面我们会看到筷子好像被折断了，水下的筷子与水上的筷子在接合处有一小段落差。实际上，我们知道筷子并没有被折断，产生这样的视觉现象，主要是因水与空气对于光线的折射率不同所造成。我们称这种筷子看起来似乎被折断的视觉现象为"表象"，而"实在"就是筷子事实上还是完整的，没有被折断。想想另外一个例子，在中国早期，每当发生月蚀或日蚀现象时，月亮或太阳看起来好像被某种东西给吃掉了，当时的人们于是称此现象为"天狗食月"或"天狗食日"。在这个例子里，月亮或太阳被吃掉是一种"表象"，但实际上，月亮或太阳还是完整地存在着。

日常生活中还有许许多多关于"表象"的例子，这些例子都告诉我们眼见不一定为凭，很多时候我们观察到的只是事物看起来的样子，而非事物真正的样子。形而上学这门学问则是致力于探讨事物真正的样子。早期人们探讨世界的真正构成物；中世纪时期，人们探讨上帝是否真正存在；到了近代，人们在乎我们是否真正拥有自由意志。不论是哪一种主题，我们都希望可以获得真理，不被表象所蒙蔽。可惜，形而上学发展至今，许多问题也已经讨论了几千年，哲学家们依然没有办法宣称已经获得了任何的"实在"，或者说，真理。

❀ 我们只是"还没有"找到答案

对于形而上学探讨已久却无法获得任何真理，哲学家们提供了两派的想法。其中一派哲学家认为，我们之所以没办法获得任何真理，原因在于形而上学问题的答案超越了人类的能力。我们的心智能力与认知能力都有极限，想获得形而上学的答案或者真理，对人类来说是不可能的。人类不可能获得关于世界的真理,就好像蚂蚁永远不可能理解三维空间的向度到底是什么。

另外一派哲学家则认为,形而上学问题根本就不是真正的问题,它只是一连串通过适当的文法与语词包装出来的句子,看起来好像真有这么一回事,实际上完全没有任何意义。当我们在问"人有没有自由意志"时,就好像是在问"当我们在搔痒时,发丝会怎么飘动"一样,看起来好像是个问题,实际上却是没有意义的问题。

不论如何,对许多哲学家来说,上述这两种想法都是他们不愿意接受的。对他们来说,我们只是"还没有"找到答案而已,而这不代表我们不可能找到答案。这些哲学家认为,只要持续地思考,持续地生活,总有一天,一定可以发现这些形上学问题的真正答案。

(二)知识论

十八世纪以前,西方哲学家们大多以形而上学问题为主要的讨论对象。从公元前六世纪到十八世纪这两千多年里,形而上学问题被视为哲学问题的显学,其他哲学问题通常被视为细枝末节的小问题,没有任何重要性。一直到了科学革命后,人们理解到这世界不像基督教或其他宗教所描述的那样,以前从教堂及传教士口中所获得的知识大多是假的,或者说,那些根本就不算知识。从教堂里获得知识的管道已经崩解,人们需要思考另外一种获得知识的途径,以及获得知识的方法。哲学家们了解到原先对于"知识"的概念严重不足,于是从法国哲学家**笛卡尔**(René Descartes,1596—1650 年)开始,对知识论的讨论[1]有了爆炸性的进展[2]。

让我们先将目标指向"知识"本身。在我们的日常生活中,不管我们研究的是哲学还是其他学科,我们的目标都只有一个:获得此学科的相关知

---

[1] 最早对知识论做出系统讨论的哲学家,可以回溯到古希腊时期的柏拉图,他在著作《对话录》中将知识定义为"被证实的真信念"。此后有很长一段时间,西方哲学在知识论的讨论上一直没有重大进展。
[2] 与笛卡尔相关的重要哲学思想,之后章节将有较多具体的说明。

> **哲学小词典**
>
> 知识论（Epistemology）：一门探讨知识本质、起源与范围的学问。柏拉图在其《对话录》的"泰颚提得斯"（Theaetetus）一篇中，将知识定义为被证实的真实信念。后代对于通过理性还是经验获得知识始终争论不休，直至康德提出先验知识与经验知识，才调和二者。

识。知识的重要性不言而喻。但是，什么是"知识"？要回答这个问题，我们大概可以从三个方面着手：首先，我们可以区分出知识的类型；接着，怎样才算是拥有知识；最后，我们要如何获得知识。

知识的类型：能力知识与命题知识

让我们从第一个问题"知识的类型"开始。回想一下，在日常生活中，我们常用"**知道**"这两个字来说明拥有或询问某些知识。比如说，当我们在跟别人讨论《泰坦尼克号》的剧情时，我们可能会问："你知道最后的结局是什么吗？"当我们去游泳时，我们可能会有"你知道怎么游泳吗"或者"你知道怎么游自由式吗"之类的问题。有些时候，我们走在路上会遇到一些外来客询问我们："你知道某某路怎么走吗？"考试结束后跟朋友讨论题目时，可能会有"你知道这题的答案吗"这样的对话内容。如果我们经历了上述的情境，当我说"我知道最终的结局""我知道怎么游泳"或者"我知道这题的答案"时，我们所说的"知道"都是同样的意思吗？还是说，这些知道是不同的类型呢？

一般来说，哲学家们会将知识区分为两种，第一种是**能力知识**（Knowing how），第二种是**命题知识**（Knowing that）。能力知识指的是我们拥有关于某种能力的知识，比如我们知道怎么游泳、怎么开车或怎么投篮。这些"知道"指的是我们有游泳、开车及投篮的能力。命题知识则是指我们可以将我们的知识化为文字，用语句的形式说明我们的知识。比如说，我知道"浙江大学在杭州",我也知道"杭州市在浙江省"。因此,如果我有某项命题知识,我可以将我的知识化为语句,而且这些语句有明确的真假值。有明确真假值的意思就是说,这个语句所谈论到的内容要么是真的,要么是假的。比如说,如果浙江大学真的在杭州,那么"浙江大学在杭州"这句话就是真的;反之,则是假的。

当然,我们有时候可能对某些事物同时拥有这两种知识。比如我有关于投篮的能力知识,我可以很准确地将球投入篮框;在此同时,我也可以用语句描述怎么样才可以把球投入篮框,比如"投篮时全身要放松,跳起来以后身体重心要放在……"。在这种情况下,我可以同时拥有投篮的能力知识以及命题知识。同样地,我们也可能只有其中一种知识。一个机车行的师傅可能拥有修理车子的能力知识,却没有修理车子的命题知识。这位师傅可能根本没有学过物理学,不知道力学与能量之间的关系,无法说明修理车子时是根据怎样的原理。相反地,一个大学主修机械工程的学生,也可能只有修理车子的命题知识,他知道力学与能量之间的关系,但是要动手实操时,却不知道该如何是好。

在哲学上,哲学家们主要探讨的知识类型是命题知识,因为要确认能力知识的有无是相对容易的。我们只要把一个人丢到水里,就可以知道此人有没有关于游泳的能力知识;我们只要把车子拆了交给对方,就可以知道对方有没有组装车子的能力知识。但是,我们要如何确认一个人有没有关于某件事的命题知识呢?一个人要拥有命题知识,除了要有相关的信念[①]之外,似乎还得满足其他条件。显然,我们不会因为一个人相信某件事情,就说他拥有关于某件事情的知识,比如我们不会因为张三相信地球是平的,就说张三有"地球是平的"这项知识。因此,"怎样才算拥有(命题)知识",就是我们接下来要面对的问题。

❋ 知识的条件:信念、事实与证据

---

① 信念是人的某种心理状态,通常通过"我相信……"来表达。

我们先来想想看,日常生活中我们怎么认定一个人拥有某项知识?比如说,今天张三在跟朋友李四聊棒球时,张三问李四:"你知道今天王建民有没有拿胜投?"李四回答:"我知道喔,王建民今天拿胜投了。"此时,张三也许会直觉地问:"你怎么知道?"为什么张三会这样问呢?显然,我们很在乎一条信息的真实性,而要知道一条信息的真实性,我们通常会想知道这条信息的来源。如果李四回答"我晚上做梦,梦到王建民拿胜投",我们大概不会说李四拥有这项知识,因为我们通常不认为做梦是一个好的信息来源。但是,如果李四说"因为我看了这场球赛,看到王建民拿胜投",我们大概就会同意,他真的知道王建民今天拿了胜投。

上面这种对话模式,以及认定对方是否拥有知识的方式,是我们日常生活中时常可以见到的类型。从上面的对话中,我们似乎可以对"拥有知识"的条件做一些初步的分析。首先,当李四回答"我知道,王建民今天拿胜投了",我们可以预设李四相信"王建民今天拿胜投"(不考虑李四说谎的情况),因为一个人要知道某件事,应该有一个先决条件是此人要相信那件事。如果我说"我知道桌上有五个苹果,但是我不相信桌上有五个苹果",这样的想法看起来是很奇怪的。接着,如果李四知道"王建民今天拿胜投",我们会预设王建民今天真的拿了胜投,因为我们不太可能知道一件假的事情,比如我们不太可能知道"小明是美国总统"。最后,要认定李四拥有这个知识,我们会要求知道李四获得这个知识的来源。假设李四是梦到的,就算李四相信王建民今天拿胜投,以及王建民真的拿胜投了,我们也不会说李四知道王建民今天拿胜投,而可能会说李四只是运气好猜到的。因此,在哲学上,要说一个人拥有某项知识,初步看来要满足三个条件[①]:**信念、事实、证据**。李四先要相信王建民拿胜投,而且王建民拿胜投是事实,同时李四有好的理由相信他的信念。符合这些条件以后,我们才会说李四"知道"王建民拿了胜投。

---

① 哲学上称这三个条件为"知识三要件"。

❈ 知识的来源

上述第三个条件"证据"是关于知识的来源。我们可能有许多来源支持我们的信念,比如电视新闻、朋友告知、亲眼所见、做梦、算命等。关于知识来源的讨论,其实就是针对上述三个条件中的证据面的讨论。怎样的证据才算是好的、可靠的或者合理的证据,一直是哲学家们争论不休的话题。尤其到了十八世纪之后,知识论的讨论基本上就环绕在这个主题上争论。有些人认为**感官经验**[①]已足够作为合理的证据,有些人则认为证据的来源必须是从不可能出错的**基础知识**推导而来,比如从数学知识及逻辑知识推导而来的知识。

同样地,这些问题到目前为止,也没有一个让所有人满意的答案。甚至有哲学家认为,只有三个条件根本不足以描述知识的要件,我们还需要更多其他的要件,以确保一条信息属于知识。无论如何,知识论学者们就是通过研究上述这些问题,不停地在修正我们对于知识的理解与定义。

(三)伦理学

在哲学上,对我们来说最熟悉的领域,大概非伦理学莫属。不管我们是否读过伦理学的相关讨论或文章,我们无时无刻不接触着与伦理学有关的议题。人类是群居的生物,群居生物必定会慢慢产生**社会化**[②]的相处方式,因为人与人之间必须要有所联系,有所关联。既然人际之间必须有所关联,自然而然就会有一些大家共同遵守的**规范**产生。这些规范让人与人之间可以安定平稳地生活在一起,一旦有人违背了规范,此人将在很大程度上面临他人对他的谴责及排斥。

除了这些规范,人类还倾向于追求其他的东西。由于人类是一种心智能力高度成长的动物,因此对我们来说,除了生活之外,许多东西也是我们认为有价值的,比如说美的事物、善的事物。对"美"以及"善"的追求,

---

[①] 这里是指人类所分别拥有的视觉、触觉、嗅觉、听觉、味觉等五种感官经验。

[②] 这里的社会化是比较宽松的说法,没有特定指人类这种高度的社会化。某些群居动物也具备某种程度的社会化,比方狼的族群里就有阶级的区分。

常是人类在生存以外最重要的欲望,这些事物可以在很大程度上满足人类心灵上的需求。

❋ 义务论与效益主义

早期伦理学讨论的主题,主要是以善、美好、德行等概念作为对象。比如说,在古希腊时期,苏格拉底询问:"怎样的人生才是美好的人生?"同时,根据柏拉图《对话录》的记载,苏格拉底也常询问其他人什么叫作正义,什么叫作勇气。有些哲学家认为"善"就是"快乐",这一类想法被称为**快乐主义**(Hedonism)。快乐主义者认为追求善就是在追求快乐,我们应该过的人生就是追求快乐的人生。也有些哲学家认为善就是"幸福"。

近代伦理学探讨的主题,已经转向为更具体的议题,比如在十八世纪,德国哲学家康德(Immanuel Kant, 1724—1804年)除了讨论善以外,还提出著名的**义务论**(Deontology),说明什么叫作道德,并且提出一些自然原则,说明哪些行为是符合道德的行为[①]。康德认为世界上存在所谓客观的道德原则,这些道德原则规范了我们的行为,我们有义务要遵守它们。而且,当我们在实践这些道德原则时,必须仅是因为我们有义务要这么做,这样一来我们的行为才具有道德价值。换句话说,如果遵守道德规则的原因是这样做对我有好处,我的行为便不具有任何道德价值。对康德来说,符合道德的行为,就是我们仅因自己的义务而去实践的行为。

当然,所有的哲学理论都会有反对者。到了十九世纪,英国哲学家边沁(Jeremy Bentham, 1748—1832年)反对有所谓的客观道德规则。他认为

> **哲学小词典**
>
> 伦理学(Ethics):以哲学方法研究道德的一门学问,又称道德哲学。"伦"涉及人际关系,"理"涉及行为规范,举凡应该如何生活、道德是非与善恶标准等问题,都是伦理学探讨的范畴。

---
① 关于康德的讨论,之后章节将有更多的说明。

道德原则都是人为的，而符合道德的行为，其实就是可以为所有人带来最大利益的行为。边沁的主张就是大家所熟悉的**效益主义**（Utilitarianism），他认为我们之所以要使用道德原则规范他人的行为，其实都只是为了要从这些行为中获得利益。

我们可以从几个例子看出义务论与效益主义的差别，比如说，假设我们同意"不能说谎"是一项道德原则，那么对于康德来说，我们有义务不能说谎，而且这样的义务，不是来自于不说谎会为我们带来什么好处，或者其他的价值，而是因为我们本身就有义务要遵守这个原则。但是对于边沁来说，如果"不能说谎"是一项道德原则，那就表示"不能说谎"这项行为可以为我们带来最大的利益，如果这项行为不能达成这个目的，它就不会是一项可以规范我们行为的道德原则。

❋ 规范伦理学

义务论与效益主义的争论，是**规范伦理学**（Normative ethics）的重要议题。让我们来看看哲学史上最有名的电车案例（Trolley problem），我们可以透过这个案例测试一下自己属于哪个阵营。想象我们现在身处一台失控的电车上，张三是控制电车方向的车长，他刚刚接到一个不幸的消息，前方有两条铁轨 A 和 B，塔台告诉张三，现在有五个人倒在铁轨 A 上无法动弹，两个人倒在铁轨 B 上无法动弹。假设张三只有两个选择[①]，第一个选择就是什么都不做，让电车照原本的路线往 A 行驶，这样铁轨上的五个人将会死亡。或者，张三可以让电车往 B 铁轨移动，造成 B 铁轨上的两个人死亡。请问，张三应该怎么做，在道德上才是对的呢？如果你的选择是张三什么事都不要做，因为如果他转向 B，死亡的那两个人就算是张三杀的，可是如果他什么都不做，死亡的五个人本来就难逃一死，不能算在张三头上。在这样的思考下，你会比较偏向义务论的想法，认为我们有义务不能杀人，比起转向杀死 B 铁轨上的两个人，什么都不做比较没有道德责任。如果你的选择是张三应

[①] 不考虑其他可能情况，张三必然只有两种选择。

该转向,将电车开上 B 铁轨,因为这样做可以降低死亡人数,这种思考方式则会偏向效益主义,认为最有效益的事情(降低死亡人数)才是道德上对的事情。

显然,不同的立场蕴含不同的后果,义务论或效益主义,各自都有其说服力,当然也各自有其问题,否则不会到现在依然没有一个统一的理论产生。

❄ 后设伦理学

伦理学领域除了上述所提及的规范伦理学之外,还有所谓的**后设伦理学**(Metaethics)。后设伦理学讨论的对象,是规范伦理学中的**理论**以及**语词**。比如哲学家们分析在规范伦理学内所提到的道德语词的作用,像是"善"与"恶"的意思是什么,我们要如何使用这两个语词,我们如何认识道德责任、自由意志等"相关道德陈述"的"知识",以及我们要根据哪些理由做出道德判断,这些理由是否成立,等等。这些问题大致上是后设伦理学探讨的主题,当然我们不太可能进入这个领域深谈细节,我们只需要知道,伦理学所探讨的主题,其实不像我们一般想象的那般八股。后设伦理学领域的讨论运用到了许多逻辑与语言学的资源,是一门很复杂的学问。

3 分钟重点回顾

1. 目前社会的刻板印象,普遍认为哲学属于很抽象的学问,有些人甚至将哲学与算命画上等号,但哲学实际上可以是一门很具体的学问,运用许多逻辑与日常生活直觉当作资源来讨论问题。

2. 哲学其字源 philosophy,意思是热爱智慧,因此我们不需要认为哲学家不同于一般人,事实上,只要勤于探问,任何人都可以是哲学家。

3. 哲学探讨的主题因地点与文化的不同而有差异,比如印度哲学受其宗教思想影响甚巨;中国哲学着重人与政治的讨论;西方哲学则含有大量的逻辑与日常观察。

4. 哲学探讨的主题很多,几乎所有令人感到困扰的问题,一开始都算是哲学问题。我们时常可以在其他学科中找到哲学的痕迹。

5. 哲学论证以逻辑作为其主要的论证形式。一般来说,逻辑论证有两种形式:演绎论证、归纳论证。演绎论证是最严谨的论证形式,一个有效的演绎论证,如果前提是正确的,那么结论必定是正确的。归纳论证则没有上述这项性质。

6. 西方哲学的三大基本问题为形而上学、知识论及伦理学。

7. 形而上学讨论的目的,在于透过哲学论述来破除表象,进而获得表象背后的实在,或者说,真理。

8. 知识论主要探讨知识的三个面向:知识的类型、知识的条件、知识的来源。后面两个面向特别受到哲学家的重视。

9. 拥有知识的三个要件:信念、事实、证据。

10. 伦理学与日常生活关联密切。我们常使用许多道德语词,比如善与恶、对与错,伦理学讨论就在于帮助我们厘清日常生活中使用的这些道德语词的意思是什么,并且试图通过理论,提供我们行为的导引。

Day 1
哲学语录

人生最困难的事就是认识自己。——泰勒斯

哲学！人生之导师，至善之良友，罪恶之劲敌。假使没有你，人生又值得什么！——西塞罗

哲学起自人们意识到自己对于人生必要事物的无力与无能。——爱比克泰德

人的天职在勇于探索真理。——哥白尼

无中不能生有。——笛卡尔

人是自然界中最脆弱的芦苇，但人是一根会思考的芦苇。——巴斯卡

哲学家不过是用各种方式解释世界，但重点在于改变它。——马克思

愚昧无知是一切痛苦之源。——尼采

坚信比谎言更是真理的敌人。——尼采

DAY 2
第二章 哲学的起源与发展脉络

每当我们想要了解某项事物时,从这项事物的历史着手,往往可以找到许多让人着迷的丰硕成果。哲学起源于人对世界的好奇心,人们以创造力与想象力作为画笔,在这张名为"世界"的画布上,留下了充满智慧的不朽色彩。

哲学从发轫到开展，历经哪些重要阶段？
——哲学的起源与发展

苏格拉底之前　西方哲学的宇宙论时期

一般认为神话是古希腊文化的起源。古希腊人大多不是原住民；原始希腊人是北方的雅利安人，原本是游牧民族，经由与其他北方民族的冲突之后，辗转南迁，后来定居于巴尔干半岛。这些希腊人的先祖到了巴尔干半岛之后，无法再从事平常的游牧与掠夺生活，因为此地资源贫乏，往东或往南又将遭遇到大河文化所孕育出的强盛帝国。为了生存下去，希腊人必须改变自己的生活形态，由游牧民族转为农业民族。因此，他们需要通过神话，为当时的情势提供一个适合发展定居文化的世界观，稳定自己的心情。

（一）神与命运

神话的发展成为希腊多元社会的基石。从荷马史诗中，我们可以看到希腊人对神明的态度不同于东方文明：东方文明对神明的态度是虔敬且畏惧的，但希腊人将神明看作是拥有超自然力量的人，他们跟我们一样有各式各样鲜明的个性。在古希腊时期，人们认为神明不但外表跟人差不多，也跟人一样会有欲望；神明会偷拐抢骗，甚至争风吃醋。希腊时期许许多多的战争，时常被描述成神与神之间的争执。此时期的各种思想都起源于**神**与**命运**，人们认为人生许多事都是命中注定，不论人还是神都无法逃避命运的安排。这样的想法赋予希腊人面对各种事物的勇气，对他们来说，既然凡事都是命运的安排，我们就不需要畏惧任何事情。

这样的想法控制了早期希腊人的思想体系，但是这种浪漫的思想体系也慢慢开始受到挑战，人们基于对理性及真实的渴求，已经无法满足于这种神话和宿命式的世界观。在开始与附近国家发展经济且频繁互动之后，希腊文化输入了一些外来文化，例如埃及人的数学及巴比伦人的天文学。这些东方异文化的输入，不但使得希腊人开始意识到基本的自然规则，也动摇了他们神话式的世界观。早先，当人们问起世界起源和人生目的时，希腊人的答案最终只能回到神与命运。但是，当他们开始通过某些技术掌握世界的规则时，他们认为自己可以创造自己的命运，可以知道一些原来只有神明才能知道的事情。

早期希腊哲学的进路，是从对宇宙的关注演进到对人的关注。之所以有这样的顺序，其实不难理解，不管在任何文化中，"人"都是最重要的组成分子，因此对人的关注最基本也最必要。但是，为了能够解决人生问题，我们必须能够先说明宇宙以及这个世界的基本问题，因为人类处身于这个宇宙之中，必定得依循着宇宙与世界的规律而生存，早期的希腊哲人因此进入了哲学的宇宙论时期。对这些富有创意及想象力的早期希腊哲人来说，神话思想必须排除，并以知性来探索智慧；下一步才是借由对于世界以及世界规则的掌握，说明人际间的相处及规范。

（二）米利都学派：宇宙的本质是"水"

古希腊时期，被认为是哲学萌芽的时代。在希腊诸岛中，第一个提出哲学问题的是米勒岛，而米勒岛上的泰勒斯（Thales，前624—前546年）则被公认希腊最早的哲学家，亚里士多德称其为"哲学之父"。泰勒斯是第一个以哲学思考打破神话的哲学家，他曾经问了一个哲学史上的重要问题："构成宇宙万物的最基本物质是什么？"泰勒斯认为这个问题不能用神话来解释与说明，而主张我们应该透过理性获得这个问题的答案。早先的希腊哲学为了摆脱神话及命运等抽象概念的影响，开始进入物理论[①]时期，认为宇宙所有东西都是由具有实体的物质所组成。泰勒斯经过观察之后，提出"水"才是构成宇宙万物的最基本物质。这样的想法是透过非常素朴的世界观而来的，

[①] 万事万物都是由物质所构成。

在当时的希腊,水同时象征了力量以及生命。巴尔干半岛三面环海,希腊人临海而居,自小便见识过大海的力量,不论是孕育生命还是消灭生命。因此,对泰勒斯来说,水是世界上最重要也最基本的物质,任何事物的生与灭都离不开水。泰勒斯的学生**阿那克希曼德**(Anaximandros, 前 610—前 546 年)以及**阿那克希美尼**(Anaximenes, 前 585—前 528 年)都继承了泰勒斯的物理论思想,但前者认为最基本的组成是"**无限**"(Apeiron)①,后者则认为是"**气**"。

泰勒斯师徒三人被称为"**米利都学派**"(Miletus),希腊哲学由这三人拉开序幕。米利都学派在当时给出了一个重要的哲学问题:"什么是宇宙的起源与基本结构?"在米利都学派之后,前苏格拉底时期的希腊哲学开始进入哲学史上第一次理论竞争期,各个学派之间各自透过理性及观察说明此基本问题,这样的哲学论述与竞争,也为后来的西方哲学打下重要基础。

> **名家逸事**
>
> 哲学之父泰勒斯是名成功的商人。据说某次他用骡子运盐过溪,其中一头骡子在溪中滑跤,盐溶解了许多,骡子因而减轻不少负担,于是这头骡子每次过溪便刻意滑倒。泰勒斯为了改掉其恶习,让它驮海绵,海绵吸水后重量倍增,骡子再也不敢偷懒了。

(三)毕达哥拉斯学派:宇宙的本质是"数"

尽管当时米利都学派盛行,许多思想家都认为宇宙的基本成分必定是具有实体的物质,但**毕达哥拉斯**②(Pythagoras, 前 570—前 469 年)却不这么认为。毕达哥拉斯可以说是当时最着迷数学的哲学家,他认为数学才是世界上最能够说明真理的东西。"数"代表着秩序,世界上所有物质都是某种秩序的展现,因此,所有物质都是已被"秩序化"的产物。已被秩序化的产

---

① 阿那克希曼德认为"无限"创造了水、火、土、气这些元素,这些元素构成了世界,因此他依然算是继承泰勒斯的物理论想法。
② 勾股定理的西方发现者。

物不会是构成宇宙的最基本成分,必定要有一个能够产生秩序的东西先于这些产物,而他认为"数"才是最基本的成分。数必定先于物质,物质有了秩序之后,才开始产生诸如水、火、土、气等元素。

米利都学派以及毕达哥拉斯学派各自说明宇宙的基本组成,并且为这样的说明提供了物理论及非物理论的典范,接下来的哲学家们在论述宇宙的基本组成时,大致上也都不脱离这些典范。

(四)赫拉克利特:宇宙的本质是"火"

在米利都学派与毕达哥拉斯各自论述了宇宙起源后,赫拉克利特(Herakleitos,前544—前484年)融合了两者的主张,提出一套自己的哲学论述。他是一个擅长使用隐喻的哲学家,认为自然本身就是一个很大的谜题,而且很少人能够解开这个谜题。赫拉克利特通过观察,得出"**变化**"才是万事万物的真正本质。由于受到米利都学派思想的影响,赫拉克利特主张"**火**"才是宇宙的本质。但是不同于米利都学派对于自然元素的使用方式,他不主张火是一种物质;反之,他对于"火"这个自然元素的使用方式偏向毕达哥拉斯的想法,认为"火"代表着变化以及秩序。通过观察,我们会发现火不停地流转与闪烁,几乎没有一个时刻与上一个时刻维持相同的样貌;同样地,世界也在不停地变化。赫拉克利特有句名言:"人不能两次踏入同一条河流。"河流中的水不断在移动,等到你第二次走过时,踩过的水必定已经不是第一次踩过的那些水。虽然赫拉克利特主张世界不停地在变化,但他依然认为世界是永恒的,而他正是借由"世界不停地在变化"这个原理,说明世界永恒的特质。

名家逸事

古希腊哲学家赫拉克利特是一位擅长使用譬喻的哲学家,他曾这么说道:"最聪明的人和神相比,无论在智慧、美丽和其他方面,都像一只猴子,而最美丽的猴子和人类相比,也是丑陋的。"

（五）伊利亚学派

此外，另外一个著名学派**伊利亚**（Elea）学派，一般认为由**色诺芬**（Xenophanes, 前 570—前 475 年）所创。色诺芬是首位公开批评将神拟人化的哲学家，他批评人们以自己的性格与形象特征来描绘神明，如果马有手的话，就会将神明画成马的样子；如果狮子有手的话，就会将神明画成狮子的样子。色诺芬认为所有对神的描述都是假象，没有真正描述到事实。他认为神是"唯一的"，没有其他神了。神永恒地处于一个地方，永远不会动，并且主宰一切。其弟子**巴门尼德**（Parmenides, 前 540—前 470 年）以及再传弟子**齐诺**（Zenon, 前 490—前 430 年）将色诺芬的想法推得更远。巴门尼德认为我们没办法观察到世界的样貌，就算目前我们亲眼所见的世界，也不是真实的世界，因为我们总是通过想象刻画这个世界，这就好像我们通过想象刻画神明一样。值得注意的是，巴门尼德并非否认有真实的世界，事实上他认为存在一个永恒不变的真实世界，因为所有东西都不可能从无到有。如果一个东西存在，这个东西必定自古以来就以固定的方式存在。

（六）智者学派

伊利亚学派的想法很大程度影响了后来的**智者学派**（Sophistes）。智者学派的创始人**普罗达哥拉斯**（Protagoras, 前 481—前 411 年）曾经说过："人是万物的尺度。"他批评先前主张有客观真理的哲学思想家，并主张根本没有客观的方式可以获得真理，所有对于真实的描述都是人们的主观看法，真理乃是相对于人的主观判断。他以"人是尺度"说明人们只能依照自己的眼光来看待世界，所谓的真理与正义都只是为了当权者的利益服务，只有强权的真理与正义，没有客观的真理与正义。智者学派因其新颖的哲学思想，受到当时许多年轻人的爱戴。

到了智者学派之后，我们会发现哲学家开始将讨论重心从对宇宙的探讨，转移到对辩论的研究及语言的使用。慢慢地，愈来愈少有哲学家讨论宇宙论与世界观，此时的哲学讨论愈来愈靠近人与社会。**辩士**（Sophistes）开始兴起,因为古希腊社会在此时产生剧烈变化,各种社会阶级产生,时常造成不同阶级之间的冲突。思想家们开始处理人的问题,辩论社会以及政治议题,研究政治语言。他们希望透过**辩论术**与**逻辑思辨**来打败对手,借以表现出自己比他人更有智慧。由于宇宙论时期各个哲学家对于宇宙生成往往有相互冲突的理解,无法满足当时希腊人对于知识的渴求,他们因此需要一个新的哲学思维。哲学讨论于是从探讨宇宙组成的**宇宙论**时期,转变为探讨人与社会的**人事论**时期。

> **名家逸事**
>
> 　　智者学派创始人普罗达哥拉斯曾说"人是万物的尺度",这句话将人提到了很高的地位,哲学家蒙田对此提出质疑,曾不服地说道:"他编了一个令人难以置信的故事,把人当作物的尺度,却从来不曾量一量他自己。"

雅典与三位哲人　西方哲学的人事论时期

　　在苏格拉底以前,我们可以理解到古希腊哲学的演进,一开始是对于希腊神话的反思。当人们已经无法满足于神话所带来的世界观之后,人们希望能够通过理性来了解世界的样貌,最早期的哲学思想于焉诞生。泰勒斯之后,各种不同的宇宙论学说兴起,知识分子致力于描述宇宙的结构,也因此为后来的西方哲学立下基础。此时期的哲学思想不以人为对象,不处理人生课题,也不触碰政治与伦理议题。

　　在希腊城邦愈来愈蓬勃发展之后,与人相关的课题开始为人重视。尤其当时各种关于宇宙起源的理论互相冲突,无法给人一个满意的答案,人们开始厌倦探讨宇宙的课题,纷纷将心思转往"人"的身上。智者学派是第一个冲击当时传统哲学思维的派别,当那些探讨宇宙论的哲学家们,主张自己拥有关于世界及宇宙的"知识"时,这群辩士不以为然,认为那些知识不过是透过各自的观点所得出的假象,这个世界不存在真正的知识。

在这种思想蔓延开来之后,当时希腊雅典的政治法律、道德伦理等传统制度面临瓦解的命运。人们再也不相信这些制度具有客观的规范力,一切规定都只是人们出于自身的观点,为了自身的利益所订下的规范。人们不再相信有所谓的"知识"。此时的希腊面临思想与文化的混乱,而苏格拉底(Socrates,前469—前399年)正是在这样的脉络下崛起的。

(一)苏格拉底

苏格拉底不同于当时的传统哲学家,他并不主张任何哲学立场与哲学理论。他认为我们应该要对自己有所了解——我们应该要"了解自己的无知"。尽管如此,苏格拉底不会因此认为自己不拥有智慧;相反,他是个很有自信的人,因为他知道这世界大多数的人都不了解自己的无知,所以在这一点上,他比这些人还要有智慧。苏格拉底相信有客观的道德价值与客观的知识,因此他不认同智者学派的想法,认为我们可以不断地通过辩证法[①]获得或接近这些客观的知识。同时,辩证法也是他用来面对辩士的最佳武器。

对于苏格拉底来说,要拥有智慧必须通过两个步骤:第一个步骤是**质疑**,即质疑我们的所学所知;第二个步骤则是**透过自己的内心**寻求真正的答案。苏格拉底最广为人知的一项活动,就是在雅典的市集上和那些自认为有智慧的人讨论哲学问题,或者说,诘问他们各种问题[②],并且质疑他们的答案。苏格拉底通过不停地提问,迫使对方去寻求解答,接着从对方的回答中找出漏洞,让对方了解到自己并不像自己所宣称的这么有智慧。我们可以说,苏格拉底本身就是一个很出色的辩士,只是他与智者学派的辩士们不同,差别在于苏格拉底相信有客观的知识。

公元前三九九年,苏格拉底被控"不信神与腐化学子的心灵",遭判处死刑。当时的法官受到许多反对苏格拉底的人士怂恿,认为苏格拉底每天在市集蛊惑青年学子的心灵,要他们质疑现有知识与传统道德,这些行径将使

---

① 通过不断地提出问题,以让对方理解到自己想法的盲点。
② 他常会询问"什么是正义""什么是知识""什么是道德"等问题。

青年学子们堕落。尽管这些指控不是事实，苏格拉底甚至认为自己是神的使者，被派来雅典传授知识，他仍旧欣然地接受审判，并在不久后遭到处决。处决之前，苏格拉底其实有机会逃离监狱，不过他拒绝了弟子的安排。对他来说，不管他是否遭到污蔑，既然被判了死刑，就应该遵守城邦的法令。法律是不能够违背的，越狱不是一项正当的行为。苏格拉底死前是平静的，他认为自己已经做尽了该做的事情，同时他相信灵魂不会毁灭，且对死后的世界充满了美好的想象。

名家逸事

曾经有位青年问苏格拉底："怎样才能获得知识？"苏格拉底将他带至海里，让海水淹没他，他经过一番挣扎才探头出水面。苏格拉底问这个年轻人："你在水里最大的愿望是什么？"年轻人说："当然是呼吸新鲜空气啦！"苏格拉底随即回道："对！学习就得这样使劲儿。"

（二）柏拉图

苏格拉底本身没有任何著作传世，幸好，他有个几乎可以说是最优秀的弟子**柏拉图**（Plato, 前427—前347年），将苏格拉底的思想及与他人的对话做了许多记录。有人说柏拉图是西方哲学最伟大的作家，但如果没有柏拉图帮他的老师苏格拉底写下记录，西方哲学不会有现今的规模及重要性。柏拉图在他的著作《对话录》中记载了许多苏格拉底的思想，从这本书我们可以看出柏拉图对于苏格拉底的尊敬及推崇。尽管到了后来，人们已经渐渐看出《对话录》中许多苏格拉底的思想与论述，事实上是柏拉图自己的想法，柏拉图依然将这些哲学思想归属于他的老师。在苏格拉底被判处死刑后，柏拉图对政治感到绝望，于是离开雅典，开始他的寻找知识之旅。又回到雅典之后，他创立了学院（Academy）。学院的原始创立动机，在于保存柏拉图自己以及苏格拉底的思想，并且期望教育出能够传承他们思想的学生。这所学院因此成为西方第一个具有完整规划的高学历组织。

❋ 柏拉图的政治哲学思想

柏拉图的政治哲学思想，很大一部分受到了苏格拉底之死的影响。当时的雅典实行**民主制度**，雅典公民具有政治参与权，而苏格拉底正是死于这样的制度下。这在很大程度上使得柏拉图对民主制度产生了不信任感，并且对民主制度做出许多批判。他认为真正值得推崇的制度应该是**君主制度**。他提出一个类比说明他的主张：当我们生病时，我们应该去看医生，还是询问大家该怎么办？显然，我们的答案会是看医生。我们之所以认为要看医生，是因为医学是一门专业的学科，我们必须找专家帮助我们解决问题。同样地，政治也是一门专业学科，我们必须让那些拥有政治专业的人帮助我们解决问题，而不是交由所谓的"公民"共同决定国家的方针。让公民决定国家政策，就像询问大家要怎么治病一样荒谬。因此，柏拉图在他的著作《理想国》中花了很大的篇幅，描写一个真正值得采取的政治体制应该是独裁专制，并且应该交由哲学家管理；同时，不采取世袭制，每一任君主都要通过严谨的程序来选择。

❋ 柏拉图的形而上学主张

柏拉图的形而上学主张也是从苏格拉底的思想中传承而来的。他承认有一个客观且完美的**理型**（Form）世界，理型世界真正实现了完美，以及永恒的世界，一切的观念及真理皆出自于此。他用**"洞穴预言"**说明这样的主张：想象一群人从出生开始就被关在一个洞穴里，只能望着面前的穴壁，无法动弹。这群人的身后燃着一团熊熊烈火，而烈火使得他们可以看清穴壁，以及投射在穴壁上的影像。穴壁上有许许多多的黑影在晃动，这些黑影各有各的形貌，栩栩如生。对这些人来说，由于他们从出生就一直保持这样的处境，因此穴壁上的黑影就是他们所认知到的世界。对他们来说，那些就是真实。但是，身为旁观者，我们知道那些黑影只是投射而已，真正的东西不是那个样子。一旦这些人能够脱离并了解他们身处的情境，他们就可以了解世界真正的样貌。我们现在所处的现实世界，只是理型世界的投射，就像洞穴中所看到的黑影一样。现实世界里的所有事物，都是理型世界的复制品，是次等的，不但有缺陷，而且也不真实。这样的想法被称为**柏拉图主义**（Platonism）。柏拉图认为只有哲学家才能够摆脱枷锁，走出洞穴，认识到真正的世界，这也呼应了他的政治哲学主张——哲学家才是最有资格管理众人的人。

❋ 柏拉图的知识论主张

苏格拉底的哲学思想也影响了柏拉图的知识论主张。苏格拉底认为我们应该先了解自己的无知，之后才能从我们的内心中寻求真正的知识。对柏拉图来说，知识就蕴藏在我们的灵魂里。因此，我们可以说柏拉图认为知识是天生就有的。为什么我们天生就拥有知识呢？柏拉图认为每一个人在出生前，其灵魂都处于理型世界，而理型世界又是一切观念与真理的发源地，因此在我们出生之后，我们的灵魂也将这些知识一起带来现实世界。如果我们要发掘真理及知识，只能通过发掘我们的灵魂来达到这样的目的。

> **名家逸事**
>
> 柏拉图出生于雅典贵族家庭，从小就接受完善教育。二十岁时拜苏格拉底为师，眼见恩师晚年受诬遭到处决，柏拉图对雅典的民主政治心生反感，于是长期游历国外，直到四十岁才归来，开办学院，选择采用新方法培育政治家，以实现自己的教育理想。学院可说是西方最早的高等教育机构。

（三）亚里士多德

如果说柏拉图是他的老师（苏格拉底）最坚定的拥护者，那么**亚里士多德**（Aristotle, 前384—前322年）就是他的老师（柏拉图）最坚定的反对者。亚里士多德跟随柏拉图二十多年，尽管他十分尊敬柏拉图，但柏拉图的许多哲学思想是亚里士多德无法接受的。柏拉图认为真正具有价值的事物是存在于理型世界的东西，但对于亚里士多德来说，不管理型世界是否真的存在，我们都不应该花时间去追求那个世界。反之，我们应该将注意力放在**现实世界**，因为现实世界才是我们真正生活的地方。因此，亚里士多德认为现实世界才是具有价值、值得我们关怀的世界。柏拉图认为理型世界才有真正的实在；亚里士多德反对这一点，认为实在应该处于现实世界中。

由此，我们可知亚里士多德将其心力放在对于现实世界的关注上。亚里士多德几乎可说是世界上第一个、甚至是最伟大的科学家。亚里士多德对世界的关怀，几乎学习了所有有助于我们了解世界的学科。他不但是个哲学家，还是个历史学家、天文学家、心理学家、物理学家、化学家、生物学家，甚至是逻辑学家。除此之外，目前我们对于前苏格拉底时期哲学家的了解，几乎都是出于亚里士多德之手。他对于早期的哲学思想做了许多整理及考察，我们可以说他在西方哲学的传承中扮演了关键性角色。

✾ 人与自然，两者并重

早期希腊宇宙论时期，哲学家们关注自然事物与世界的生成；到了人事论时期，人们开始将思考重心放在人的身上，讨论政治与道德问题。到了亚里士多德之后，他认为我们不需要将两者区分得这么开。"人"很重要，但是人生活在自然环境之中，所以我们不能够仅关注人或者自然，而应该两者并重。因此，亚里士多德期望透过人与自然之间的关系，发展出一套适当的理论，说明人性以及自然的本质。

✾ 四因说

亚里士多德认为万事万物都有其固有本质，人有身为人的本质，石头也有身为石头的本质。正是因为本质的存在，我们可以对事物做出区别。想要了解、认识事物，必须从事物的本质着手，唯有如此才能够获得真正的知识。亚里士多德从这样的想法出发，发展了他著名的**四因说**（the four causes），认为我们可以从四个面向，分别是**质料因**（the material cause）、**形式因**（the formal cause）、**动力因**（the efficient cause）、**目的因**（the final cause）来了解事物的本质。举例来说，一张桌子如果是木头做的，那么木头就是这张桌子的质料因。一个木头要变成桌子,一定要有桌子的形式,因此桌子的形式是这张桌子的形式因。木头不会自己变成桌子,一定要有外界的力量加入,此力量的来源就是动力因。最后,一张桌子要能够平稳地放东西才是好桌子,因此平稳地放东西是其目的因。亚里士多德认为,所有事物都能透过这四种面向来了解其本质,再以此为出发点去获得知识。

❀ 神存在

虽然亚里士多德是公认的伟大科学家,但西方科学的进展也因为亚里士多德的伟大成就,从而裹足不前将近一千五百年。亚里士多德的观点[①]被中古世纪的基督教会视为教条,使得往后的科学理论无法抬头。值得注意的是,亚里士多德是目前西方哲学史上,第一个论证神存在的哲学家。他认为宇宙万物所有的变化都需要有原因,这些原因推动着这些变化的进行,但是我们不可能一直往后探询原因,因为无论如何,最后我们一定会停留在一个最初的、第一个原因上,这个原因是所有变化的来源,其本身不是被其他原因所推动,这个原因就是所谓的"神"。于是,他将神定义为"**第一不动的动者**",神是所有原因的推动者,而且神本身不会被推动。如此一来我们就不难理解,为什么中古世纪的基督教会对亚里士多德这般推崇。尽管亚里士多德所谈论的神,并不是中世纪教会口中所讨论的具有"人性"的神,但是对于教会来说,他们只要"神存在"这个结论就够了。

> **名家逸事**
>
> 亚里士多德在柏拉图的学院里求学二十余年,由于才思敏捷,十分受柏拉图的青睐。然而,亚里士多德并不认同柏拉图观念论的想法,从而提出实在论(Realism)加以反驳。柏拉图还曾因此提醒他说:"要给你的思想戴上缰绳了,不然你会愈跑愈远!"后来,亚里士多德也创办了学园吕克昂(Lyceum)。

---

① 地球中心说、以太学说等。

苏格拉底、柏拉图以及亚里士多德并称为希腊三哲，整个西方哲学史探讨的议题，也在这三人之后大致奠下了基础。后世甚至有"**整个西方哲学史都只不过是柏拉图的脚注**"一说，从这句话不难看出希腊三哲对于西方哲学后续发展的影响。

希腊化时期 西方哲学的伦理学时期

西方哲学的希腊化时期，大约是从亚里士多德殁后开始，一直到基督教成为中世纪最有力量的宗教之前，约为亚历山大帝国①成立到罗马帝国成立的六百年间。后世哲学家认为这段时期是西方哲学**最衰微的时期**，不论是希腊三哲的后继者还是新思想的开创者，其思想终究无法超越希腊三哲所产生的哲学典范。此时期的哲学在讨论的议题上，也较先前有了很大的转变。

（一）西方哲学的伦理学时期

之所以会有巨大的转变，其原因很大程度在于**政治因素**。希腊雅典原来是民主国家，亚历山大帝国兴起之后，希腊各城邦顿时成为被统治者，失去了原来所享有的政治自由。**民主制度的瓦解**，使得人们不再将心思放在形而上学及知识论这类哲学范畴，转而思考人生与幸福这一类的伦理学主题。

从先前的章节中，我们知道前苏格拉底时期是以宇宙论为主的自然哲学时期，直到智者学派及之后的希腊三哲时代，哲学思想从宇宙论转为人事论。尽管如此，此时期的哲学家最主要关注的议题，还是知识论议题以及政治议题。也就是说，虽然此时期关注的对象比起先前更着重于人，但是讨论更多的还是我们怎么从人的身上获得知识、怎样的法律及规范才符合正义，以及我们要如何获得关于世界的真理。我们可以说，

---

① 亚历山大（Alexander，前356—前323年）曾经是亚里士多德的学生，有人认为正因为亚里士多德的博学与宽阔的视野，使亚历山大受到启发，开启了其征服欧洲大陆的野心，最终创建了亚历山大帝国。

比起个人，此时期更注重的是知识及团体。到了希腊化时期之后，基于政治与社会的动荡，人们不再像先前一样享有稳定且自由的生活，除了受到帝制的束缚之外，战争也常成为人们恐惧不安的对象。因此，这一时期的人认为，哲学应该要有更实质的作用，哲学的对象变成以个人为主，其目的在于如何通过哲学使人感到幸福与救赎。伦理学，尤其是人生的喜乐与幸福议题，变成此时期哲学家最主要的哲学思想领域。形而上学及知识论的讨论，都是为了满足这些思想家们的伦理学主张，可以说这些哲学领域都是伦理学的附属品。因此，我们可以将希腊化时期视为西方哲学的伦理学时期。

（二）斯多葛学派

希腊化时期的哲学思想主要是以学派为主，此时期最为著名的派别大致有四个：**芝诺**（Zeno, 前360—前264年）创立的**斯多葛**（Stoa）**学派**，**伊壁鸠鲁**（Epicurus, 前341—前271年）创立的**伊壁鸠鲁学派**，**皮浪**（Pyrrho, 前360—前270年）创立的**怀疑学派**（Skepsis），以及**普罗提诺**（Plotinus, 205—270年）创立的**新柏拉图主义**。接着让我们简单介绍这些学派的主要哲学思想。

斯多葛学派是希腊化哲学中流传最久的学派，此学派最主要的原则就在于顺应天性。对于斯多葛学派的学者来说，这个宇宙及世界必定顺应着一个绝对的法则，这个法则控制着所有的活动，不论是自然界的活动还是人类的活动。因此，对于斯多葛学派来说，人没有自由意志，宇宙中所有的事件都有其必然性；所有事情的发生皆非偶然，而是被法则及神所控制。这样的想法可以用斯多葛学派的唯物主义观点加以说明。唯物主义主张所有实体都是物质性的实体，而且所有事件都有其原因，这些原因皆是出于自然的法则，因此所有行为及活动皆是法则所预见的。

※ 顺应人的天性：理性

有了上述的了解，我们就不难想象斯多葛学派的伦理学观点了。斯多葛学派认为最高的幸福就是顺应天性，由于宇宙万物都依循着必然的规则，因此人也不例外。但是，什么是人的天性呢？斯多葛学派的答案是"**理性**"。不只人具有理性，理性是所有事物的根本，宇宙的法则也依循着理性而为。在当时那个政治动荡的年代，斯多葛学派认为人们之所以觉得生活痛苦，主要原因在于人们摒弃了理性，总是依靠感情过活。依感情而活，我们的生活开始充满许多欲望。我们会在乎亲情、友情、爱情，会因为事情不如我们的预想而感到失望、愤怒；我们会在乎财富、健康、荣耀。但是，斯多葛学派认为这些东西都是毫无意义的，因为在乎这些东西代表着我们不是依循理性，而是被感性所掌控。如果没有依循理性行为，我们终究不可能感到幸福，因为这些欲望会束缚我们的心灵，使我们永远为了欲望的追求而失去心灵的平静。

❈ 如何透过理性获得幸福

那么，我们要怎么透过理性获得幸福呢？对斯多葛学派的学者来说，万事万物都顺应着理性法则而行为，只要了解这一点，我们就不必再强求那些无法满足的欲望，因为对整个宇宙来说，所有事件都是必然的，我们渴望的东西不会因为我们的追求而获得，也不会因为我们的不追求而失去。所有事件都顺应着理性法则产生，如此一来我们将不再被情感驱使，面对一切行为及遭遇都可以顺其自然，不会因此感到失望与愤怒，这样我们就可以体验幸福的人生。

有人认为，斯多葛学派的哲学思想，直接促成了后世**禁欲主义**的兴起，甚至被早期的基督徒采用，成为中世纪基督教的核心教义。因为这种看似极端却又能贴切感受人民痛苦的主张，斯多葛主义在当时的希腊罗马地区受到许多苦难者的认同，并广为流传。

（三）伊壁鸠鲁学派

另外一个盛行于希腊化时期的学派是伊比鸠鲁学派，又被称为"快乐主义"（Hedonism）。此学派的学者们认为，人生的目的在于追求快乐，而且是个人的快乐，只有快乐的人生才能够称为幸福的人生。

❋ 幸福就是精神的平静

伊壁鸠鲁学派的伦理学主张，主要被其形而上学主张所支持。此学派的学者采取**原子论**（Atomism）的立场，认为宇宙万物皆由原子所构成，原子不会消灭，而事物之间的差别在于原子的多寡，不同数量的原子构成了事物的不同性质。对于此学派的学者来说，事物之所以会运动，代表此事物还没有达到完美的境界，因此需要通过外力帮助此物回到正轨。一旦达至完美境界，此物就会静止不动了。伊壁鸠鲁学派之所以采取原子论观点，主要是想破除当时社会的迷信与宗教思维，反对一切超自然的现象与经验。他们认为人们可以依靠自己获得幸福的人生，不需要去追求及敬畏超自然的力量。

从伊壁鸠鲁学派的原子论观点出发，可以适切地说明什么叫作幸福。伊壁鸠鲁学派的学者们认为，幸福就是**精神的平静**，一旦精神不再被外物干涉，便能够使人达到安静自得的境界。别无所求之后，就可以成就幸福的人生。值得注意的是，对于此学派的学者来说，真正值得追求的幸福是**永恒的快乐**，只有永恒的快乐可以使人们感到平静；短暂的快乐不但无法使人获得幸福，还可能使人感受到痛苦。对伊壁鸠鲁学派的学者来说，短暂的快乐就是那些肉体上的快乐，因此他们也反对肉体的享受，主张我们应该为了幸福，追求精神上的快乐。

❋ 伊壁鸠鲁学派与斯多葛学派的不同

到目前为止，我们可以发现伊壁鸠鲁学派和斯多葛学派，在伦理学上的追求非常类似，只是两学派通过不同的方式说明什么叫作"幸福"。同样地，通过上述的说明，我们也不难理解两者虽然在伦理学上的追求类似，但斯多葛学派被后来的基督教所重视，伊壁鸠鲁学派反而不被采用，其中很大原因在于伊壁鸠鲁学派对于神及宗教的反对。

（四）怀疑学派

与斯多葛学派及伊壁鸠鲁学派同时期，还有另外一个广为人们拥护的学派：**怀疑学派**。怀疑学派的学者在思想上，十分类似于前苏格拉底时期的智者学派，他们对于哲学理论感到怀疑，并且怀疑我们所拥有的知识。此学派的学者认为，不管是感官经验还是透过理性所获得的知识，皆是不可靠的，因此我们不可能获得任何关于世界的知识以及实在。怀疑学派的主张比斯多葛学派更为极端，但是可以在当时的乱世拥有一定程度的支持者，必定有其具有说服力的地方。让我们看看怀疑学派怎么论述他们的主张。

❋ 感官经验及理性皆不可靠

怀疑学派的学者认为，我们可以从古往今来的观察中，得知我们的感官经验以及理性都不可靠。不管是哪个时代的哲学思考，大多要仰赖对于事物的观察以及理性的思虑。但是我们同样身为人，必定拥有类似的观察能力及理性能力，因此，如果感官经验及理性都是可靠的，我们的哲学理论应该能够得出同样的结论。换句话说，如果我们可以依靠感官经验跟理性发掘真理，那么世界上不应该存在着这许许多多不同的哲学理论，以及不同的真理；甚至，许多哲学理论之间还是互相矛盾的呢！这样的现象对那些认为感官经验及理性是可靠的人来说，是非常讽刺的。因此，怀疑学派的学者们主张，通过理性的哲学思辨不可能告诉人们真理，通过观察所获得的知识也不是真正的知识。

出于上述的想法，怀疑学派激发了他们的伦理学观点。对此学派的学者来说，既然人们没办法获得真理以及知识，人们也就不再需要去追求这些东西，只要能够常保内心的平静及自由就可以了。怀疑学派的学者要求人们抛弃内心所有的理想，只专注于满足自己的需要。而且，我们不需要去思考应该如何行为，只需要依照自己内心所认定的方式行为，这样就可以成就幸福的人生。

❋ 率性而为就是幸福

怀疑学派的伦理学观点,看起来十分类似于斯多葛学派和伊壁鸠鲁学派,但是其中有个很大的不同。斯多葛学派及伊壁鸠鲁学派所谈论的幸福在于摒除欲望,以获得心灵上的平静。怀疑学派不要求人们摒除欲望,而是要人们顺应自己内心的本性而行为,不需要对幸福或快乐怀抱某种特定的理想,如此一来就可以达到幸福的人生。

(五)新柏拉图主义

希腊化哲学对接下来的中世纪基督教神学有相当深远的影响,而介于两者之间的哲学,则是由普罗提诺所创立的"**新柏拉图主义**"。新柏拉图主义承袭了柏拉图主义中的"理型世界观",同时融合斯多葛学派的禁欲主义观点。我们可以说,中世纪基督教哲学及伦理学之所以兴起,完全是经由新柏拉图主义作为推手。

❋ 肉体是灵魂的监牢

新柏拉图主义突显出柏拉图主义的宗教面向,并且从神学的面向将柏拉图主义做了更多的延伸。柏拉图认为理型世界是所有观念及真理的原点,而"**至善**"同样存在于理型世界;新柏拉图主义则是将"至善"诠释为"**至高的心灵**",并且主张这个心灵的拥有者就是上帝。受到柏拉图主义的影响,新柏拉图主义同样认为人由灵魂及身体所构成,并且主张肉体是灵魂的监牢。我们大概可以推测,新柏拉图主义的兴起,使接下来的基督教哲学将柏拉图所谓的理型世界看作是"天堂",是至高心灵的居所,或者说是上帝的居所。灵魂因为受到肉体的囚禁,无法回到原来那完美的居所,因此,每个人的灵魂都倾向回到那一开始的地方,以基督教的语言来说,就是回到天堂。那么,灵魂要怎么回到那个完美居所呢?新柏拉图主义采取了斯多葛学派的观点,认为我们应该要通过禁欲,借由杜绝欲望陶冶我们的灵魂,让灵魂在肉体死亡后,回到原本那纯净美好的地方。

❇ 哲学与神学并行

希腊化哲学在新柏拉图主义之后,可以视为希腊传统哲学的衰微。希腊传统哲学认为我们必须透过理性与反思获得知识、认识世界,但是到了新柏拉图主义之后,真理与知识的追求还包含宗教上的实践及对神的理解。如此一来,似乎宣告了"哲学"的殒落。接下来很长一段时间,所谓的中世纪哲学,大抵不脱宗教神学的研究,此时期的哲学讨论大多也是为了服务神学理论。这种哲学与神学并行的处境,直到文艺复兴之后,才渐渐有了突破。

中世纪哲学　西方哲学与神学结合的时期

中世纪哲学的发展与结束,是一条很漫长的路程,大约从三世纪到十五世纪,也就是从希腊哲学的没落,一直到文艺复兴时期,期间约经历一千两百年。这一千两百年也是天主教与基督教最为强盛的时期,教会几乎统治了整个西方世界,教堂与神职人员的力量,一直到现在还保有一定的影响力。

(一)兴起原因

中世纪哲学的兴起在历史背景上,可以从两个方面来理解:一个是希腊哲学的式微,一个是犹太信仰的传播。

❇ 希腊哲学的式微

希腊哲学的繁荣从雅典开始,苏格拉底及其弟子的活跃,开创了希腊哲学的盛行局面。直到希腊化时期,后世学者们无法走出希腊三哲树立的典范,希腊哲学的创造力与影响力因此裹足不前。雅典时期,人们期望通过形而上学了解宇宙;希腊化时期,人们将哲学关注的重心放在伦理学。然而,再多的理论都需要实际观察来佐证,也就是说,思想家们不论描述宇宙生成也好,描述幸福人生也好,其理论都需要有**科学的支持**。可惜的是,当时的科学背景与环境无法达成这个目的,因此所有的哲学理论都只能落入空谈。各个派别的哲学家大肆宣扬自己的哲学思想,却无法为他们的主张提供一个可靠的理论基础。在科学无法跟上哲学脚步的情况下,哲学理论愈来愈不受到重视。希腊哲学开始不被人们当作追求知识的手段与工具,人们甚至不再愿意讨论那些高高在上的"智者的言论"。

❋ 犹太信仰的传播

哲学问题是人类理性的结晶,也是人类天生就拥有的能力,因此在没有科学支持的情况下,人们还是必须为这样的困境找一个出口,古犹太人[①]的信仰正好在这样的背景下跃上台面。与希腊人不同,犹太人在其历史上不断受到外来者的入侵,因此时常被迫迁移住地。在这种居无定所、时常担忧受怕的背景下,他们无法像希腊人那样时常通过理性思考哲学问题。对这些希伯来人来说,他们殷切盼望获得的就是"**从苦难中得到解脱**"。因此,信仰及救赎成为他们生存最重要也最关注的议题。在这样的背景脉络下,**理性与信仰**开始了具有历史意义的结合。宗教信仰成为人们用来说明哲学理论的基础,透过宗教,许多形而上学及人生问题有了解答。与此同时,宗教也试图通过哲学所标榜的理性思辨,坚固自己的理性基础。通过哲学论述,传教士与护教者拥有更多的工具可以向世人证明,自己所信仰的宗教并非只是情感上的诉求,而是透过严谨的哲学论述而生出的理性产物。

(二)教父哲学

大概描述了中世纪哲学与神学结合的脉络之后,我们可以开始来看中世纪哲学如何演进。

此时期的哲学演进过程大致可以分为两个时期:前期是由传教士所领导的**教父哲学**(Patristic Philosophy),以及后期由教会所领导的经院哲学

[①] 古犹太人、希伯来人、以色列人在这篇文章的脉络下,可以被当成同义词来理解。不论是基督教、天主教还是伊斯兰教,追寻其根本,这些宗教的源头都与古犹太教脱不了关系。

（Scholasticism）[①]。这两个时期各自约持续了六百年；教父哲学大约是从三世纪到九世纪，经院哲学紧接着从九世纪到十五世纪。前者可说是后者的准备期，而后者则将神学与哲学做出了最高度的结合。所谓的教父，其实是指教会初期那些拥抱信仰的传教士，这些人拥有十分聪明的头脑，并且受到其信仰的陶冶而让人们尊崇。在此时期，这些人被称为**护教者**。虽然当时人们大致是以古犹太教作为信仰的出发点，但是如何诠释教义经典[②]，在人与人之间却有很大的不同。加上同时期尚有许多不同的宗教为人所传，教父们为了驳斥异端学说，捍卫他们所承认的正统基督教信仰，因而致力于辩护其宗教信仰的**辩护宗教学**。教父哲学时期的护教学派有三个最大的派别，分别是**希腊护教派**（the Greek Apologists）、**拉丁护教派**（the Latin Apologists）和**亚历山大学派**（the Alexandrian School）。

✿ 希腊护教派

希腊护教派的学者们，以希腊哲学的观念作为他们护教的基础，接受柏拉图以及亚里士多德的哲学观，将柏拉图的理型世界与亚里士多德的第一因论证结合，用以说明上帝与最终的善。此派学者大多主张哲学跟信仰可以结合在一起，我们可以透过哲学说明神学，而且对这些人来说，神学比起哲学更高了一阶。他们认为哲学是为了神学而存在，而真正的哲学只有在神学中才能被找到，所有的真理及知识皆来自于神的启示。在这样的观点下，我们不难看出希腊护教派对于哲学的地位有一定程度的贬低，至少比起希腊时期的古典哲学，哲学的目标不再是真理，而是神。

✿ 拉丁护教派

希腊护教派在某种程度上还认同哲学的用处，并且认为哲学与信仰可以做某种程度上的融合；相反地，拉丁护教派则反对古典哲学的重要性。对此派学者来说，正是因为古典哲学学说纷纭，各种说法互相悖斥，才会造

---

① 又称"士林哲学"或"教会学院哲学"。
② 犹太教经典有新经与旧经之分；前者即现在的新约圣经，后者为旧约圣经。

成现今许多异端学说的兴起，以及对经典的怪异诠释。此派学者认为，理性的唯一目的是让人们理解神的存在及灵魂的不朽；人们透过理性说服他人，辩护自己的信仰。但理性的功能也就仅止于此，人们不可能通过理性认识上帝，只能通过信仰达到这个目的。真正的启示与真理超出哲学的范畴，哲学只能够代表人世的知识，而信仰可以让我们获得天上的知识。因此，对于拉丁护教派的学者来说，哲学与信仰永远不可能互相调和，信仰必定比哲学还要高阶。

亚历山大学派

亚历山大学派则遵循着新柏拉图主义的传统，认为柏拉图哲学是通往基督教信仰的门径，哲学思想乃是为了宗教而做的准备。我们可以通过哲学净化我们的心灵，通过理性窥视通往上帝的道路。接着，在我们做好准备之后，便可以开始接受信仰。因此，对这一学派学者来说，哲学是有助于我们进入神学及拥抱信仰的工具；同时，神学可以通过哲学获得更好的说明，并说服更多的人投入宗教信仰。因此，理性与信仰两者之间的关系，其实是相辅相成的，两者应该相提并论。比起希腊护教派，亚历山大学派在更大程度上认同哲学的地位，主张哲学或信仰都可以让人获得知识，而且彼此之间可以互相提升，两者处于同等地位。

教父哲学虽然在哲学与神学的结合上扮演了重要角色，但此时期的传教士们并没有为哲学或神学建立一套完整的思想体系，也几乎没有通过著作形式将之流传于世；多数思想与学说都是经由口说方式流传各地。也因为如此，教父哲学时期虽然致力于宗教的传承与诠释，却一直没有办法好好地将宗教力量扩大为整个政权。一直到九世纪之后，教会与传教士开始积极建立教会体系，将传教以及信仰、思想做了整个制度化的结合，才开始让宗教力量真正地掌控整个西方文化。

（三）经院哲学

中世纪的神学发展，之所以会从教父哲学时期转移到经院哲学时期，也有其历史文化脉络。在五到九世纪这段期间，罗马帝国面临着许许多多的战争，最终甚至被文化上更为落后的民族灭亡。此时期的人们已经无心传教，各个教会与修道院都致力于保存他们的文化遗产及宗教经典，并安排许多人力，修复与重新编辑这些宗教文化与神学思想的典籍。

❋ 传教士的努力

在此时期从事编辑工作的人，大多是学院里面的传教士，这些传教士的工作虽然压抑了哲学自身的发展，但在教育上却有极高的成就。我们知道，哲学与神学的融合在教父哲学时期有了长足的努力及发展，可用以传播神学知识及教育后代。其困境在于没有系统，没办法良好地将这些思想传达给下一世代。经院哲学时期正好在此时弥补这个缺陷，传教士们抄写并翻译旧书，再将这些内容传授给学院里面的学生。学生们阅读教会筛选过的哲学理论，并且以保护和强化神学信仰为最终目的。经院哲学时期的传教士们重视传统与古代智慧，他们不再追求新的真理，因为对他们来说，《圣经》里面的真理就是全部的真理，没有其他新的真理了。这些传教士需要做的事就是阅读《圣经》、研究《圣经》，然后传布《圣经》。为了传布他们的信仰，他们会与异教徒辩论。为了辩论，他们需要有哲学的训练，需要通过逻辑与理性为自己的信仰辩护。他们需要证明上帝存在。因此，这一时期许多传教士都在学院内试图通过哲学论证上帝存在，并以此作为传教的基础。这不但是为了说服那些无神论者，更是为了打败异教徒。

❋ 托马斯·阿奎纳

谈到这里，我们必定要提到一个人：**托马斯·阿奎纳**（Thomas Aquinas, 1225—1274 年）。阿奎纳绝对是经院哲学时期最重要的代表人物，我们可以说，阿奎纳的一生就是致力于上述提到的工作。他想要向世人证明，基督教神学乃是立基于理性之上，所有的神学理论与信仰都可以透过哲学与理性做出完美的说明。阿奎纳是亚里士多德的信徒，采取亚里士多德的哲学观点作为其神学基础。亚里士多德对于自然世界的看重，成为阿奎纳神学思想的重要起点。他认为自然世界与超自然世界具有一个特定关联,我们必须透过理性发掘这个关联。由于自然世界反映了超自然世界的法则,因此,一旦我们掌握自然世界的法则,就可以进一步获得超自然世界的知识。阿奎纳的著作《神学大全》(Summa Theologica)充分说明了神学信仰的理性基础,是当时基督教世界最重要的著作之一。

❉ 安瑟姆的本体论论证

证明上帝存在,是经院时期哲学家必须研究的课题。阿奎纳当然也曾提出上帝存在的论证,他的论证以亚里士多德的第一因论证为基础,这里不再赘述。此时期有许多的上帝存在论证,其中一个非常有趣的论证,是由素有"士林哲学之父"之称的安瑟姆(Anselm, 1033—1109年)所提出,这个论证又被称为**本体论论证**(ontol ogical argument)。他的论证大概是下列的形式:他认为上帝是完美的,因此上帝拥有所有完美的性质,而存在比不存在来得更完美,因此,上帝必定存在。这个论证通过逻辑及推论,得出了"上帝必定存在"这样的结论,在当时说服了许多人,没有任何一个人可以击败他[①]。我不会在这里多加描述其他的上帝存在论证,但是从上述我们可以知道,对于这些士林哲学家来说,仅仅透过信仰诉求让人们相信上帝是不够的,因此哲学中的逻辑与推论是他们一个很好的工具,用来说服人们坚定他们的信仰,或者,加入他们的信仰。

❉ 大学的兴起

在经院哲学的全盛时期,各地开始成立大学体系。从十三世纪开始,首先成立了法国巴黎大学以及英国牛津大学,接着陆续成立剑桥、海德堡等许多著名大学。大学的兴起,对当时的哲学与神学发展有显著影响,许多有名的思想家也是在这些大学体系中产生的。大学的设立不但有助于当时神学的发展,就算是对接下来的文艺复兴以及近代哲学,也有不可磨灭的影响。

---

① 当然,现在已经有许多方法可以击败本体论论证,因为这个论证本身有一些隐藏的前提以及错误的推论。

我们甚至可以说，中世纪时期对西方哲学来说，最伟大的贡献就是广设大学这一类教育机构，使得后代的人们可以透过更有系统及更方便的方式来研究哲学，不再需要透过口语和散落的著作猜测前人的思想。

近代哲学　西方哲学与科学结合的时期

十五世纪末，文艺复兴传遍欧洲，宣告了中世纪的结束以及新时代的来临。文艺复兴的概念最早起源于意大利，在十三、十四世纪，环地中海附近的城邦国家因为海上贸易兴盛，使得人民愈来愈富有。当人民变得富有之后，他们拥有充足的物质资源；然而，人们通常想要得更多。在衣食无缺之际，富人开始将心思放在心灵的提升上，于是，艺术创作与鉴赏成为他们陶冶心灵的新工具。此时期的人们考量的是自己身为"人"的需要，而非考量"神"的需要。上帝的意志不再是人们最重视的目标，人们开始重视个人素养，文学与艺术成为一个公民必备的基本能力。此时期对于"人文"的重视，又回到了中世纪以前的思潮，因此，文艺复兴又称为人文主义的复兴。

由于文艺复兴强调人文面向，主要的支持者又是来自受过良好教育及高度文化陶养的知识分子与富人，这些人的力量很快地席卷了整个欧洲，让西方世界快速进入这种人文主义思潮。人们不但因此重视个人的素养，同时也强调个人的尊严。生活的目的是实现自己的理想，而非荣耀上帝。在此思潮的影响下，宗教革命应运而生。

（一）宗教革命

十六世纪初，为了反对中世纪以来教会一直为人诟病的赎罪券贩卖，马丁·路德（Martin Luther,1483—1546 年）的《九十五条论纲》(*the Ninety-Five Theses*)开启了宗教革命。马丁·路德相信贩卖赎罪券已使宗教偏离原来的道路，这不是宗教行为，而是商业行为；而且，这是一种利用教徒对于死亡及末日的恐惧来图利的行为。马丁·路德认为这样的行为就像是在贿赂上帝，对上帝是一种亵渎。除此之外，他强调信仰，尤其是**个人信仰**。在人文主义思潮下，他认为宗教需要的是坚定的信仰，而非制度化的体系与教条。于是，他反对以理性论证宗教的经院哲学体系，认为不论是信仰还是上帝，都已超出理性所能描述的范围。我们只能透过自身的经验来确立这些事物的存在，而不能透过理性来论证。

当然，宗教改革引发了教会的反对，教会也开始反宗教改革运动，两方冲突持续了数十年。这期间虽然造成了许多流血伤亡，但同时也引起了广泛的辩论。值得注意的是，这些关于宗教的辩论内容，大大地提高了当时人们的知识与学术涵养，也因此产生许多伟大的思想家和改革者。

（二）科学革命

除了宗教革命，同样受到文艺复兴影响的还有科学革命。由于新数学工具的引进以及科学仪器的发明，科学理论开始有了长足进展，科学社群终于突破亚里士多德传统，迈入另外一个新的视野。

中世纪时期，教会长期拥抱亚里士多德的科学传统，打压其他科学理论，使得科学发展裹足不前长达一千两百多年，直到文艺复兴与宗教革命后，教会的力量开始摇摇欲坠。自从哥白尼发表了太阳中心学说，人们对于教会的信心开始动摇。如果地球不是宇宙的中心，教会的整个信仰与知识体系将会因此瓦解，圣经与传教士们不但不再是知识的来源，而且还有碍于我们获得知识。

❋ 培根的贡献

为了对抗教会所拥抱的亚里士多德传统，人们需要透过新的科学方法来支持新的科学理论，而且这个新的科学方法需要具备足够的说服力。同时，不同于教会所主张的天启知识[①]，新的科学方法可以让所有人都了解，并且经由同样的方法获得相同的知识。新科学方法的创建人**培根**（Francis Bacon，1561—1626年），主张知识应该建立在经验之上，我们应该透过**实验**获得经

---

① 只有某些被神选上的人能够获得关于上帝及这个世界的知识，其他人的知识都必须透过这些人获得。

验事实,并且将这些**经验**事实通过"**归纳法**"得出一个具有普遍性的科学理论。

培根的成就在于将科学知识理论化及一般化。现代科学方法在此时被建立,人们开始重新检视过去的科学知识,并利用新的仪器与数学工具,借由科学实验与观察研究这个世界。有了这种新科学方法之后,科学不再是一门高高在上的学问,所有人都可以经由科学研究获得知识与真理,不需要有出众的智慧也能自行构造科学实验。在这种科学方法的熏陶下,开启了人类史上第一次大规模的科学知识爆炸期。

❋ 科学革命对政治哲学的影响

科学革命对于近代哲学的影响,主要有两个面向:**政治哲学**及**知识论**。我们先从科学革命对近代政治哲学的影响开始谈起。十七世纪以前,西方的主要政治架构都是以封建制度及君主制度为主。尤其在中世纪时期,君权神授的观念强烈地植入所有人的心中。对于一个国家的人民来说,国王与教会领袖就是上帝的使者,上帝赋予其权力来统治人们,也赋予其知识。

科学革命正是要打破这种偶像崇拜的心理。新的科学方法使人们不需有出众的智慧,也可以通过科学实验与观察获得关于世界的知识。这种强调科学面前人人平等的观点,让人们开始相信知识不是只有被神所选上的人才能拥有,甚至在新科学理论诞生之后,人们发现那些被神选上的人根本没有真正的知识。于是,人们不再盲目崇拜国王与教会,君主统治的正当性遭到质疑,民众开始怀疑国王是否真的拥有统治人民的权力。

科学革命在这样的脉络下动摇了教会及国王的力量,同时,文艺复兴所带来的人文主义思潮,也深深地烙印在人们心中。在这两股力量的共同影响下,对于民主制度的需求再次跃上舞台,统治者的力量应该由人民赋予,而非上帝。值得注意的是,这次不只是雅典时期那种区分阶级[①]的民主制度,十七世纪许多思想家所提倡的民主制度,是真正不分阶级、以民为主的。为了强调不分阶级,此时期的政治哲学重视自由与平等,政治制度必须能够**实**

---

① 雅典时期,奴隶不拥有政治参与权。

现正义，国家与统治者的存在，是为了保障**人民的基本权利**。

但是，我们要怎么说明上述国家与人民之间的关系以及限制呢？霍布斯（Thomas Hobbes, 1588—1679年）提供一个可能的说明，他认为国家与人民之间的关系是一种**无形的契约**，人民将自己的一部分权利让渡给国家，交由国家为我们行使这些权利，因此国家可以统治人民，这些统治人民的权利是国民授予的。但是国家必须满足人民的需要，也就是避免战争及保障人民的基本权利。这一类政治哲学思想[①]在十八世纪蓬勃发展，进一步促成了后来的启蒙运动、法国大革命、英国光荣革命，以及这段时期许多的政治社会运动。

❋ 科学革命对知识论的影响

除了政治哲学，科学革命对于知识论的影响是显而易见的。当新的科学方法与科学理论出现之后，这些新知识瓦解了人们原来的知识体系。过去认定为知识及常识的事物，大多被证实是错误的，这个世界似乎不像《圣经》及教会所描述的那样，人们顿时对知识产生了极大的不信任感与怀疑感。

这里的不信任感与怀疑，并不是指人们因此认为没有客观的知识存在，毕竟在科学革命之后，至少科学家们提供了许多具有说服力且推翻原来错误信念的知识。这里所说的不信任感及怀疑感，是指哲学家们普遍持有一种不轻易相信的态度，认为我们应该要有新的方法来辨认一条信息是否算是知识。同时，我们要透过不断地怀疑及验证，确立我们所获得的信息。

启蒙运动就是在这样的脉络下开始发展，经由哥白尼、伽利略一直到牛顿，愈来愈多科学理论给予我们新的世界图像。人们的信仰从宗教转变为科学，更精确地说，转变为理性。

（三）启蒙运动

科学革命后，随之而来的启蒙运动是场信仰理性的运动，**理性主义**

[①] 其他有名的政治哲学思想家还有洛克（John Locke, 1632—1704年）、孟德斯鸠（Montesquieu, 1689—1755年）、卢梭（Rousseau, 1712—1778年）等。

（Rationalism）成为此时期的文化特色。此时期的哲学家认为，只有理性与经验可以带给我们知识与真理，知识的获得应独立于宗教信仰，教会不再独占科学的解释权。

❋ 笛卡尔的理性主义

近代哲学之父笛卡尔是理性主义的先驱，启蒙运动时期的理性主义者[①]几乎都受其影响。笛卡尔认为数学是最理性的一门学科，而验证知识就像是验证数学一样：每个数学定理都需要通过更基本的数学公理加以证明；同样地，每个知识也都需要通过更基本的基础知识加以证明。

此外，笛卡尔认为，所有客观的知识都必须以主观的自我作为基础；如果没有主观的自我为基础，我们就不可能拥有客观的知识。笛卡尔的名言"我思故我在"，正是在这样的脉络下提出的，他认为外在世界[②]的存在可以被怀疑，外在世界可能不存在。我们的感官经验有可能被恶魔欺骗[③]，误以为我们所有关于外在世界的经验都是真的，就好像我们做梦时会误以为梦境是真的一样。但是，笛卡尔认为"自我"[④]必定存在，就算我们关于外在世界的经验是被恶魔所欺骗的，那也必须有一个叫作"自我"的实体，恶魔才有欺骗的对象。如果连"自我"都没有，恶魔怎么可能欺骗我呢？笛卡尔透过这样的论证说明了自我的存在，而自我乃是所有知识的基础，因此我们拥有最基本的知识。

但是，笛卡尔的想法有一个严重的后果：就算我们同意自我是存在的，依然很难推论出我们拥有关于外在世界的知识。根据笛卡尔理论，最多只能说明自我存在，我们拥有关于自我的知识，仅止于此，而我们还是有可能受到恶魔的欺骗，因此没有任何关于自我以外的知识，这样的后果令许多人难

---

① 包括斯宾诺莎（Spinoza, 1632—1677 年）、莱布尼茨（Leibniz, 1646—1716 年）等人。
② 外在世界可以被理解为外在于我的事物，这些事物的存在不需仰赖于我的存在，而是本身就客观存在的事物。
③ 可以试想电影《黑客帝国》（the Matrix），人类的经验皆是被母体透过机器输入到大脑里，真正的世界其实只有母体跟许多被饲养的人类，不像我们以为的那样多彩多姿。
④ 或者说"心灵"。

以接受。

❋ 洛克的经验主义

许多哲学家认为我们根本不应该太认真地看待怀疑论[1]的立场；相反地，英国哲学家洛克认为，我们应该重视感官所带给我们的经验，并且透过经验来学习认识这个世界。洛克的这种观点被称为"**经验主义**"（Empircalism）[2]，主张所有知识都来自于经验。身为经验主义的代表人物，洛克反对只有理性的知识论立场[3]。经验主义者认为理性有其限制，我们无法仅通过理性获得知识。洛克认为我们的心灵就像一张空白的纸，必须透过感官经验为这张纸涂上形状与色彩。如果没有感官经验，我们将没有任何知识，这张纸会一直保持空白。

在理性主义及经验主义的影响下，启蒙运动承接了文艺复兴与科学革命，勇于质疑权威及各种学科的传统教条。而且，启蒙运动少了文艺复兴时期浓厚的文学与艺术气息，却多了理性与经验的严谨思考方式。此时期的哲学思想通过政治哲学及知识论的蓬勃发展，开始再度独立于宗教，回归原先人们追求真理与知识的初衷。要注意的是，对许多此时期的哲学家来说，他们并非排斥宗教，许多人依然是虔诚的基督徒，信仰对他们来说还保有一定的空间与价值。他们怀疑的只是宗教对于获得知识及真理所扮演的角色。

❋ 康德的先验知识与经验知识

如果我们必须从启蒙运动这个时期，选出最具影响力的哲学家，这个人非康德莫属。在此时期，理性主义与经验主义争论不休，前者认为我们可以且仅通过理性获得知识，后者则认为获得知识必定要通过经验。康德可以说是此时期西方哲学的集大成者，他透过**区分知识的性质**，调和理性主义与经验主义。

---

[1] 怀疑我们的感官经验是假的。
[2] 经验主义的代表人物还有贝克莱（George Berkeley, 1685—1753 年）和休谟（David Hume, 1711—1776 年）。
[3] 理性就足以让我们获得一些基础知识。

康德认为，我们确实需要通过经验来获得外在世界的信息，同时，通过理性将这些信息转化成概念。但是，我们也同样拥有一些独立于经验的知识，这些知识是纯形式的，仅能透过理性来获得，而且我们先天就具有这些知识。要注意的是，康德认为如果没有这些先于经验的知识① 存在，我们就没办法拥有任何经验知识。举例来说，经验知识就像是一盘盘菜肴，而先验知识就像是烹饪的食谱与工具。如果没有这些食谱与工具，我们就无法获得经过料理后的菜肴；同理，如果没有先验知识，我们就无法获得经验知识。最后，康德用一句名言来说明这样的主张："没有经验内容的理性是空洞的；没有理性的经验内容是盲目的。"

近代哲学从文艺复兴时期开始，透过人文主义的兴起，取代了中世纪经院哲学以上帝为目标的思考方式。接着科学革命来临，产生新的科学方法与科学理论。科学革命之后，人们对于知识的要求，从笛卡尔开始进行哲学上的重建。承接科学革命的启蒙运动，开启了理性主义与经验主义的争论。这样的争论在康德的哲学思想中获得了调和②，启蒙运动也在康德的三部巨作③问世后画下了句点。

当代哲学　西方哲学百花齐放的时期

十九世纪以后可以视为西方哲学的"战国时代"，各式各样的哲学主张问世，彼此之间互相攻击，每种哲学主张都有强烈的批判性。因此，有人认为此时期在哲学领域中只有哲学家，没有哲学。

（一）德国观念论

十九世纪初，受到康德的影响，西方哲学被德国的**观念论**（Idealism）

---

① 康德称之为"先验知识"。
② 虽然康德调和了二者，但这不代表后世就不存在理性主义与经验主义的争论。
③ 分别是《纯粹理性批判》（Critique of Pure Reason）、《实践理性批判》（Critique of Practical Reason）、《判断力批判》（Critique of Judgment）。

所主宰。康德的观念论主张世界由我们的观念所构成，关于这世界的事实，都是被我们的经验所建立起来的，因此，没有我们经验之外的世界。在这里我们要注意的是，康德并非否认外在事物的实在性（reality），他同意就算没有人类，世界也会存在。他所强调的是我们只能通过观念来认识世界，除此之外没有其他方式能够认识世界本身。因此，我们所认识到的那些关于外在世界的事实，都建立在我们的观念之上。康德的这种观念论主宰了十九世纪的欧洲，当时的哲学家将康德的主张当作一个起始点，开启了新的哲学方法。

黑格尔的辩证法

德国观念论从康德开始有了基本的架构，然后黑格尔（Hegel, 1770—1831年）将其提升到另外一个境界，广泛地影响当时的西方世界。黑格尔十分赞扬康德的哲学，但他同时认为康德的哲学忽略了**历史**的面向。因此，黑格尔将历史向度加进哲学领域中。他认为哲学不只是要研究各个哲学观念与哲学理论之间的优劣胜败，还必须研究哲学史。哲学必须包含人类透过理智发展出的那些思想的演进过程，这些思想演进过程是哲学的一个重要面向。通过研究哲学思想的历史演进，黑格尔提出了他著名的**正反合辩证法**（dialectic）。

（二）马克思的共产主义

黑格尔的哲学主张影响当时欧洲甚巨，社会哲学与历史哲学也在此时期跃出台面，最有名的就是德国的马克思主义（Marxism）。马克思（Karl Marx, 1818—1883年）引进黑格尔的辩证法，他认为：

正——在当时资本主义盛行的时代，资本家们将劳工当工具利用及剥削；

反——无产阶级与工人必须通过革命来对抗这些资本家；

合——最终达到一个资产阶级与无产阶级互相调和的共产主义社会。

通过辩证法，马克思提出他的共产主义思想，而且对马克思来说，共产主义是一个既定的未来,人类历史必定会照辩证法所描述的那样发展,而他的任务只是要加速这样的进展,让共产主义尽快被实现。马克思主义的影响十分巨大。可以想见,十九世纪的哲学风气非常大胆,他们认为人们可以从历史与理性推论出未来的事实,即预测未来的世界走向。

(三)分析哲学与欧陆哲学

二十世纪初期,有一派哲学家认为,我们应该扬弃那些武断的哲学与社会学理论,回归到哲学最开始的基本原则:**理性**。

此派哲学家主张我们不应该让哲学理论变成譬喻与预测,应该将更多心思放在哲学问题本身,回归到我们一开始所在意的问题。同时,为了避免人们各说各话的困境,在使用各种概念时,我们应该先界定这些概念的意义,如此一来讨论哲学才有意义。于是,哲学研究的方法与主题,到了二十世纪初开始有了不同的走向。西方哲学依据不同的哲学研究方法,将哲学区分为两大阵营:**分析哲学**(Analytical Philosophy)与**欧陆哲学**(Continental Philosophy)[①]。前者重视概念的分析和语词的意义;后者注重抽象的譬喻与生活的体验。

一般公认**弗雷格**(Gottlob Frege,1848—1925年)是分析哲学的创始人,他和**罗素**(Bertrand Russell,1872—1970年)、**维特根斯坦**(Ludwig Wittgenstein,1889—1951年)共同创立了分析哲学体系。他们强调逻辑,并且企图透过逻辑分析语词的意义。

一旦我们可以成功通过逻辑分析语词之后,我们就可以进一步以逻辑符号取代自然语言[②];接着,我们可以通过逻辑规则来推论,经由演绎法说明一个哲学理论是否有效。

维特根斯坦更进一步主张之所以会产生哲学问题,原因在于我们的语言有瑕疵,不够严谨,而且我们对于许多概念的意义都不清楚。如果我们

---

① 意指欧洲大陆(如德、法)以内的国家所盛行的哲学。
② 自然语言是指日常生活中彼此互相沟通所使用的语言。自然语言不需要仰赖文字,使用自然语言沟通,就是直接口述沟通。

的语言足够精确，对于概念的掌握足够清楚，那么所有的哲学问题都可以获得解答。比如说，如果我们知道正义的概念，我们就可以知道什么叫作正义。如果我们可以清楚界定什么叫作存在，我们就可以解决形而上学问题。因此，对维特根斯坦来说，所谓的哲学问题其实只是语言的问题。我们可以说分析哲学是从语言哲学开始的，而"**概念分析**"从此成为分析哲学的哲学研究方法。

（四）逻辑实证论

分析哲学的研究方法，在二十世纪初期影响了当时的科学与哲学社群，这群受影响的人们被称为逻辑实证论者（Logical Positivist）。**逻辑实证论**（Logical Positivism）可以被视为启蒙运动时期经验主义的延续，论者将语言分成**分析语句**（Analytic Sentence）与**综合语句**（Synthetic Sentence）两类，这个分类模仿自康德，唯内容略有不同。分析语句可用**逻辑**与**语意**来确定真假值，例如"单身汉都是男人"这句话是真的，因为"单身汉"这个语词的意义里面就包含了"是男人"。综合语句可用**经验**来确定真假值，例如"海南岛在中国的南端"是真的，因为我们可以透过实际经验证明这句话的真假。凡是不能被这两种方法确定真假值的就是没有意义的语句，这个原则被称为"**可检证原则**"(Principle of Verifiability)。

由这样的主张我们可以发现，逻辑实证论者在某种程度上扬弃了形而上学的讨论，因为几乎所有形而上学的哲学问题，都无法通过经验来解决。同样地，逻辑实证论也放弃了大多数的伦理学理论，因为我们无法透过经验证明许多抽象的、无法被语言精确描述的概念，比如"善""美"。逻辑实证论后来与科学社群结合，其发展脉络在于反对十九、二十世纪许多武断的社会科学与心理学研究。在当时，许多研究都宣称是科学研究，不论是社会学还是心理学，但逻辑实证论者认为科学研究应该要有一个明确的原则，不符合这个原则的理论，都不能算是科学理论。在这样的脉络下，科学哲学家**波普尔**（Karl Popper, 1902—1994 年）提出**否证论**（Falsificationism），主张科学理论必须具备**可否证性**（Falsifiability）：科学理论必须有错误的可能性。

如果一个理论不可能是错的,这个理论就不是科学理论。

(五)逻辑实证论晚期

逻辑实证论在二十世纪初掌控了整个科学与哲学社群。当时的人们大致都同意科学的任务在于说明综合语句的真或假,而哲学的任务就在于说明分析语句的真或假;除此之外的语句都没有实质的意义,因此没有讨论的必要。这样的主张虽然说服了许多人,但是也引起许多哲学家的不满。到了二十世纪中期,逻辑实证论开始遭到强烈反对。

奎因(Willard Van Orman Quine, 1908—2000 年)通过其著作《经验主义的两个教条》(*Two Dogmas of Empiricism*),彻底攻击逻辑实证论对于分析语句和综合语句的区分。他认为语言的意义都是武断且不确定的,因此,事实上没有真正的分析语句。

他还通过逻辑证明语言使用的不确定性,以此说明逻辑实证论本身有其盲点。奎因在这里的讨论非常复杂,我们不需要进入其细节,只需知道逻辑实证论在二十世纪五〇年代后进入消退期。

除了奎因之外,**罗尔斯**(John Rawls, 1921—2002 年)也反对逻辑实证论者对于传统伦理学的漠视,其著名的政治哲学著作《正义论》(*A Theory of Justice*)将规范伦理学再一次拉回当代哲学的舞台,讨论什么是正义的原则与社会。

(六)从哲学分家

我们会发现,十九世纪之后,当代哲学讨论与应用的领域十分广泛,我们大概不能像先前那些时期,武断地主张现在哲学最主要探讨的问题是什么。然而我们可以说,哲学几乎跟任何一个学科都有某种程度上的关联。其实这样的关联不难想象,十九世纪后,基于资本主义的强势,效率成为人们最在乎的一项指标,于是分工合作成了显学,所有的行为都强调分工,因为唯有人们专心做一件事情,才可以达到最大的效率。在这样的脉络下,知识也变得需要分工,各种不同领域的知识交由不同的专家来研究,才是最有效率的。许多学科因此从哲学这个领域中拉了出来,各自成为独立的一门学科。

❋ 未来发展

尽管我们不能够武断预测哲学未来的发展前景,但我们依然握有些许蛛丝马迹。二十世纪之后,计算机的发明带领我们进入另外一个科学视野,我们能够将视野宏观地关注在庞大的宇宙上,也能够微观地聚焦在纳米的世界里。**心灵哲学**成为近年来发展最为蓬勃的一门学科,人类的心灵与大脑之间的关系成为哲学家们关注的议题。通过科技的辅助,哲学家与科学家们致力于脑神经科学的研究,希望揭开人类大脑的秘密,并借此掌握人类心灵的本质。

同样地,在科技发展的同时,许多相应而来的伦理议题也获得了人们的关注,复制人、安乐死、堕胎、环境保护、媒体伦理等,这些与人及环境有关的伦理学议题,具有一定程度的急迫性。不只是哲学家,所有生活在这世界的人们都得面临这些问题。它们大多在科技发展到一个程度之后产生,科技带给我们便利与娱乐,也为人们带来许多担忧与反思。文艺复兴时期广泛影响人们思考模式的人文主义,到了现在,其影响力只增不减。未来的哲学思考必定依然要以"人"作为出发点,不但是为了解决传统的哲学问题,也是为了解决新创造出来的哲学问题。

3分钟重点回顾

1. 西方哲学起源于希腊,希腊神话孕育了哲学的基础。在经过与埃及人、巴比伦人等的经济与知识的交流之后,希腊人基于对知识的渴望,开始通过理性来认识世界。

2. 前苏格拉底时期的哲学被称为宇宙论时期,主要哲学思想为探讨宇宙的生成与构造。

3. 苏格拉底与柏拉图、亚里士多德三人,奠定了整个西方哲学的基础。

4. 苏格拉底的哲学思想,几乎都是通过其学生柏拉图流传于世;前苏格拉底时期的哲学思想,几乎都是由亚里士多德整理而成。

5. 苏格拉底时期的哲学被称为人事论时期,人们首度将哲学关注的目标由宇宙转移到人的身上。

6. 希腊化时期的哲学延续雅典时期的传统,重视人生的目的与意义。此时期的哲学派别都试图说明何谓美好的人生。斯多葛学派的主张又被称为"禁欲主义",而伊壁鸠鲁学派的主张则被称为"快乐主义"。

7. 中世纪哲学大多是为了神学服务,前半期为教父哲学时期,由传教士所领导,辩护其宗教思想;后半期为经院哲学时期,由教会所领导,建立宗教哲学体系,透过论证上帝存在,说明上帝也是以理性为基础。

8. 近代哲学起始于文艺复兴时期,以人文主义作为哲学思想的主要内涵,扬弃过去哲学是为了神学服务的思考模式,主张哲学应该以人为本,回复到过去希腊时期的人事论哲学传统。

9. 科学革命大幅弱化了教会对于思想的钳制力,哲学家们对于知识论的探讨与研究进入巅峰期,知识的本质成为此时期哲学的首要议题。

10. 当代哲学区分了西方哲学的两大进路,分别为分析哲学与欧陆哲学。

11. 当代分析哲学从语言出发,强调概念分析,认为哲学理论必须能够经得起逻辑的考验。

Day 2

哲学语录

每个问题都有两个面向。——毕达哥拉斯

我们有两只耳朵,一只嘴巴,所以我们应该多听少说。——芝诺

未经反省的人生不值得活。——苏格拉底

不知自己的无知,是双倍的无知。——柏拉图

吾爱吾师,吾更爱真理。——亚里士多德

神不足惧,死不足忧,祸苦易忍,福乐易求。——伊壁鸠鲁

我们的心灵有着想要亲近神的真实与万物源起的欲望。——奥利金

一切神确乎是庄严美丽的……是什么使得它们如此呢?是理智。——普罗提诺

人的理性就像这世界的上帝。——阿奎纳

真理是时间的女儿,不是权威的女儿。——培根

怀疑是智慧的源头。——笛卡尔

哲学是人生的保姆,可以照顾我们,但不能哺养我们。——齐克果

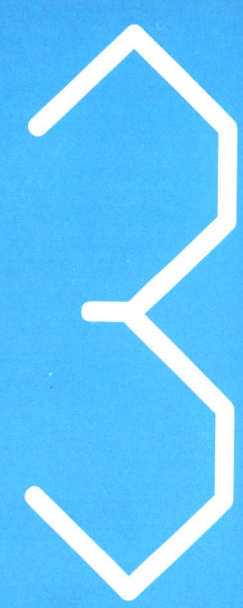

DAY 3
第三章　哲学的重要人物与理论

孟子曰:"人之所以异于禽兽者,几希。"人类与动物最大的差别,在于人类拥有复杂的思考能力。通过思考能力,我们得以理解世界,进而改变世界。让我们一同跟随时间的脚步,检视哲学家如何通过"思想",刻画传奇。

哪些人物对哲学发展贡献卓著?
——重要哲学家及其理论

西方的孔子 苏格拉底

　　苏格拉底本身没有写下任何著作,目前与他相关的记录,都是从他的学生柏拉图的著作中获得。苏格拉底一生都住在雅典,出生于贫穷的家庭,

苏格拉底

　　苏格拉底(Socrates,前469—前399年),古希腊思想家、哲学家,苏格拉底和他的学生柏拉图,以及柏拉图的学生亚里士多德并称为"古希腊三贤",是西方哲学的奠基者。

爸爸是石匠，妈妈是助产妇。在苏格拉底之前的哲学家，大多关注抽象的形而上学问题，诸如世界的构成与万事万物的起源等。苏格拉底本身最关注的却是与人相关的事情。有人认为苏格拉底之所以关注人的事情，与当时动荡的政治环境脱不了关系。政治是人与人之间的事，但是虚无缥缈又抽象的形而上学讨论，无法解决人与人之间的问题。因此，苏格拉底将哲学的目标转移到人身上，使哲学从对世界的关注转为对人的关怀。苏格拉底关注人们应该如何生活、怎样的人生才算是美好的人生，也关注"善"与"正义"。我们可以说**伦理学**这门哲学分支，是在苏格拉底的关注下被拉到台面上的。

（一）真理是绝对的

当时的雅典城邦有着许许多多的政治家或学者，他们喜欢在街头大放厥词，透过流行的辩论术来打败对手。除了政治上的想法，这些人也常在公众场合高谈美与正义、幸福等概念，并认为自己无所不知。苏格拉底看不惯这些人，于是常跑到市集上找这些人辩论。

苏格拉底的辩论方式不是当时传统的辩论方式，传统辩论透过宣称自己的想法来反对别人的想法，但是苏格拉底知道这样做是没有效果的。在当时的辩论术中，最流行的就是相对主义的辩论术。当某人通过自己的想法来反对别人时，他人只需说"真理都是相对的"，就可以把所有的论点都给反驳回去。

苏格拉底使用了另外一种辩论方式，也就是不停地发问，直到对方发现自己无法继续回答问题，或者答出了非常不符合常理的答案。这时，苏格拉底就可以理所当然地跟对方说："你根本就不懂什么叫作……"例如，当对方滔滔不绝地说："为了正义，我们应该要……"此时苏格拉底会很客气地问："什么是正义？"一旦对方回答："正义就是〇〇。"苏格拉底又会再进一步质问："那么什么是〇〇？"如此不停地发问下去，直到对方无法回答为止。透过讯问挖掘出对手自我矛盾的地方，找出对手背后不合理的预设，再推导出荒谬的结论，这就是苏格拉底辩证法的特色。

对苏格拉底来说，**真理是绝对的**，他反对当时最流行的相对主义观点，反对那些主张真理是相对于个人的想法。他认为世界上有许多真实的事情，而这些事情值得我们去追求，比如美与正义。

（二）承认自己的无知

大家都知道苏格拉底曾说过一句名言："我唯一知道的事，就是我什么都不知道。"许多人认为这句话是苏格拉底的自谦之词，但事实上这句话对苏格拉底来说并不是一句谦虚的说法，他是真心地这么认为。这句话并非表达了苏格拉底是个谦虚的人，而是表达了他是个诚实的人。他认为当时的人们都不够诚实，不敢面对自己的无知，但是若要探寻真理，第一步就是要先承认自己的无知。承认自己的无知之后，人们才会有动力与热情去寻找知识。如果只采取相对主义的立场，人们的生活将会停止不前，人们不会变得更幸福，这个社会也不会变得更正义。

（三）为真理而死

苏格拉底最后被迫服毒自杀，因为当时的政治家们认为苏格拉底的行为会使青少年们堕落（苏格拉底使青少年们不再视当时政治家口中的知识为真的知识），在审判后将他判以死刑。尽管苏格拉底有逃脱机会，他本人却放弃了这个想法。对他来说，为了真理而死是光荣的。除了会使青少年堕落，当时他还被指控"不信神"，但是苏格拉底之所以不怕死，除了真理以外，他更相信死后可以上天堂，回到神的身边。他甚至认为自己是神派来让人们

> **名家逸事**
>
> 据说苏格拉底的妻子很凶，他十分害怕与她相处，因此苏格拉底不常待在家里，而是一天到晚跑到市集上与别人聊哲学。他曾经说过："娶到好老婆，你可以很幸福；娶到坏老婆，你可以成为哲学家。"

了解自己的无知，并以此为起点去追寻真理的人。讽刺的是，尽管如此，他依然被指控不信神。不过，也因为苏格拉底为真理所做的牺牲，使得他的学生们决定继承他的哲学思想（尤其是柏拉图），他对真理的追求与执着，也大大影响了后世哲学家们追求真理的热情。

哲学家皇帝　柏拉图

柏拉图

柏拉图（Plato，前427—前347年），古希腊伟大的哲学家，也是全部西方哲学乃至整个西方文化中最伟大的哲学家和思想家之一。

柏拉图一生有许多著作传世，大多是一篇一篇的对话记录，其中多数的对话记录，被收录在描述其老师苏格拉底于雅典市集与时人进行辩论的《对话录》中。此外，他还著有《理想国》一书，描述其政治哲学思想。柏拉图的著作不但多，而且议题十分广泛，几乎遍及所有哲学主题，包括知识、政治、伦理、法律、美学、语言等。我们可以说，现今所谈论的哲学议题都是从柏拉图开始，也因为这样，才会让怀特海（A. N. Whitehead）说出："现在的哲学不过都是柏拉图哲学的脚注罢了。"

（一）真理不存在于现实世界

柏拉图在其师苏格拉底身故之后，曾经在外流浪了一段时间。回到雅典后，他创立了"学院"，传承苏格拉底的哲学思想，同时发展自己的哲学体系。柏拉图的哲学深受苏格拉底影响，同样也认为存在绝对的真理，但是不同于苏格拉底，柏拉图认为真理不存在于现实世界，而存在于一个抽象世界：**理型世界**。

柏拉图认为只有永恒存在的事物才是真实的，因此真实不会存在于现实世界中，真实存在于理型世界中。理型世界是现实世界的原型，现实世界的所有事物都是模仿理型世界的事物。举例来说，我们常在现实世界中看到三角形的石头、圆形的石头等，但严格来说，我们看到的三角形与圆形都不是完美的三角形与圆形，只是看起来像而已。柏拉图认为真正完美的三角形与圆形只存在于理型世界，现实世界只能模仿，是次等品，不可能达到真正的完美。

同样地，现实世界中的生物如"猫""狗""猪"等，都是仿照理型世界中这些生物的形貌创造出来的个体。"人"也是依理型世界中"人"的形貌创造出来的。可以想见，基督教里有些人士认为上帝依照自己的外型创造人，此想法很大程度是受到柏拉图的哲学影响。

（二）理想国

柏拉图将理型论应用到他最著名且富争议的著作《理想国》中。他认为理型世界有一个完美的政治体制，它实现了所有我们所能想象的最好价值，包括正义、美、道德、善等。他称能够实现这些价值的国家为"理想国"。

在理想国中，统治者从小就要接受精英教育，所有国民都要能够发挥自己的所长，为了国家全体的利益而行为。国家整体的福祉凌驾于个人的福祉之上，一旦国家拥有了最大的幸福，个人才会拥有幸福。从柏拉图的政治哲学思想中，我们会发现他反对民主制度。他认为治理国家是一门专业的学问，不能交由所有人共同决定，必须交由那些受过专业训练的人来决定。有些人认为柏拉图的理想国忽略了个人的权利与发展，但我们要注意的是，如果理想国能够像柏拉图所说的那样，实现正义、善与道德，那么理想国中的人民势必会受到公平的对待，并且通过其应尽的义务获得其应有的权利。因此，理想国是否必定忽略了个人利益还是有争议的，但无论如何，柏拉图所描述的理想国也只是一个可能的选项而已，未必表示我们只有这一个选项。

（三）埋首教育活动

除了哲学之外，柏拉图对于后世还有一个重大的影响：他是西方第一个建立完整教育体系的人。在理想国中，为了主张精英教育的重要性及必要性，柏拉图对精英教育做出许多具体的说明，也因此，他从中年开始便埋首于教育活动。他精确地设定了精英们从出生开始，每个生长阶段必须接触的教育及必须学习的技能。三十岁以前要强化并精进思考能力（哲学是必修科目），三十岁以后则为实习阶段，必须接触与观察这个世界，之后才可能独当一面，成为一国之君。

除了知识上的教育，柏拉图更强调体能上的教育，认为只有保持良好的体能状况，才能承担统治者所需面对的种种挑战。因此统治者还必须学习骑马、射箭、搏击等技能，这些技能不但能够强化统治者的体能，也足以让统治者拥有上战场的能力。这种对于教育提供一系列的理论基础，并且针对各个阶段强调不同教育内容的教育思想，足以被称为最早的"教案"[①]，对于后世的教育发展有着深远的影响。

名家逸事

柏拉图的本名其实是"阿里斯托克勒"（Aristokles），之所以会变成柏拉图，是因为他的身材健美、强壮，而"柏拉图"一词有宽阔的意思。传闻柏拉图甚至曾以其健壮的身体而赢得摔跤冠军。

---

① 可以理解成"教学计划"。

科学之父 亚里士多德

亚里士多德

亚里士多德（Aristotle，前384—322年），伟大的哲学家、科学家和教育家，堪称希腊哲学的集大成者。他是柏拉图的学生，亚历山大的老师。作为一位百科全书式的科学家，他几乎对每个学科都做出了贡献。

亚里士多德被公认为超级通才，他的著作对于西方思想的发展可说有着令人无法置信的深远影响，主要哲学著作有《形而上学》（*Metaphysica*）《政治学》（*Politica*）等。亚里士多德除了是一位哲学家，同时还是科学家、生物学家、天文学家、政治学家、艺术家及最早的逻辑学家[①]。他的著作几乎遍及所有自然科学与社会科学，包括物理学、生物学、心理学、政治学、社会学、伦理学及形而上学等。据说他探讨正义的著作，至今仍是法学院学生的必读书籍。

---

① 现今所熟知的"三段论证"，就是亚里士多德整理出来的逻辑证明之一。

（一）掌握现实世界的特征

亚里士多德从十七岁开始进入柏拉图设立的学院就读，在学院内待了二十年，被认为是柏拉图最优秀的学生。亚里士多德非常尊敬柏拉图，但是他不认为柏拉图的哲学主张是正确的。柏拉图认为真实存在于理型世界，我们要通过理性掌握理型世界的真实，然后尽可能地在现实世界中将其实现。亚里士多德认为这样的方法是错误的，我们不需在乎理型世界的事物（如果真的有这一世界），而要在乎现实世界的事物，因为我们生活在这个现实世界中。而且，对亚里士多德来说，现实世界也拥有真实，我们可以从日常生活的观察中获得关于世界的真实样貌。

亚里士多德非常重视观察，我们可以说他是第一个建立起科学方法的人。亚里士多德格外热衷于建立数据库及对资料做分类。他认为我们认识事物并非像柏拉图所主张的，先认识事物的理型之后，再认识事物；相反地，我们是通过事物个别的特征来认识事物。举例来说，当我们要辨识田里的动物是马还是牛时，根据柏拉图的主张，我们会透过掌握"马"与"牛"的理型，再根据所掌握的理型区分在我们面前的动物比较接近哪一种理型，接着才辨识出是马还是牛。但是，根据亚里士多德的观点，我们辨识马与牛，乃是根据马和牛身上的不同特征。通过不同特征的比对，我们将马与牛分类为两种不同的动物，接着辨识出哪一种特征属于马，哪一种特征属于牛。

从上述我们可以知道，亚里士多德的观点其实就是我们现在所熟悉的科学方法，将事物做出分类，再根据现有资料回答我们想要回答的问题。亚里士多德将这样的方法应用到所有学问上，透过有系统的分类，建立了最早的自然科学体系。

（二）万事万物的存在必有目的

亚里士多德的哲学体系，可以从他的**目的论**（Teleology）主张窥知一二。万事万物的存在必定有其目的，而宇宙间的所有事物与行为，都可以通过目的来解释。我们可以通过"功能"的观念理解这样的想法。万事万物的存在都有其功能，这个功能就是此事物存在的目的。比方说，一张桌子的功能是可以平稳地放东西，平稳地放东西便是这张桌子存在的目的。亚里士多德通过这种想法，将他的哲学思想体系连接在一起，认为人的功能就是**思考**，因此，思考是人存在的目的。

从知识论层面来看，人的功能是思考，通过思考与观察、理性与感官的合作，使得人们天生就有获得知识的能力与求知的欲望。从形而上学层面来看，我们可以通过观察并思考我们所观察到的现象来察觉因果关系，进而了解事物之间的因果原则。因果关系是亚里士多德形而上学最重要的一个概念，他从因果原则推论出事件之间的变化必定有其因果关系。同时，通过逻辑思考，亚里士多德认为所有因果关系的最终源头有个不动的推动者，这个不动的推动者是所有事件的第一个原因。

（三）德性伦理学

从伦理学层面来看，我们通过思考"善"使自己成为一个有德者。德性这项特征是一种个人拥有的特质，而非行为拥有的特质，这样的出发点有别于先前提过的两大传统：义务论与效益主义。不论是康德的义务论传统还是边沁的效益主义传统，都是针对**行为**做出道德评价，但亚里士多德的伦理学则是针对**行为人**做出道德评价。换句话说，比起"什么是有德的行为"，亚里士多德更在乎"什么是有德的人"，这样的想法被称为"**德性伦理学**"（Virtue Ethics）[①]。

> **名家逸事**
>
> 亚里士多德的教学方式不同于一般学院中死板的授课模式。他常跟学生一起待在花园中，他们一边散步，一边聊哲学与各种知识。因为这样的上课风格，后来的人们将亚里士多德学派的提倡者称为"逍遥学派"。

---

① 德性伦理学并非不关注"行为的对错"，只是先从"有德者"出发，评价完何谓"有德者"之后，再根据"有德者会如何行为"来判断行为的对错。

基督教教父　奥古斯丁

奥古斯丁

奥古斯丁（Augustinus, 354—430年），罗马帝国时期基督教思想家，欧洲中世纪基督教神学、教父哲学的重要代表人物，奥斯定会的发起人。

奥古斯丁是中世纪最伟大的教父，主要著作为《忏悔录》（Confessions）。他之所以被喻为当时最伟大的教父，原因在于他整合了各种教义横生的基督教。除了统一教义，奥古斯丁还透过辩论，击败了其他非基督教信仰的传教士，让基督教自此进入一教独大的中世纪神学时期。

（一）欲望是人的原罪

奥古斯丁能够成为当时最伟大的教父，除了时代背景之外，他的人生经验也占了很大的因素。三十二岁以前的他，信仰还没有确立下来，四处游走在不同的宗教教义之间，使他获得了许多不同教派的知识。同时，正因为没有一个固定信仰，他可以站在更客观的角度观察各种不同的宗教及教义。除此之外，奥古斯丁在青年时期还是个放荡不羁的人，十八岁就与女性同居并且生有一子，汲汲于名利与快乐，浸淫在人性赤裸裸的欲望之中。因此，不同于当时许多教父通过说教的方式宣扬教义，提倡许多听起来像是在唱高调的手段（比如我们应该要靠自己的努力控制欲望，如此一来才能够接近上帝。无法控制自己欲望者将无法接近上帝，而且会因此下地狱），奥古斯丁很明白地告诉众人，欲望是人们的原罪，我们不可能靠着自己的努力就可以摆脱欲望的困扰。

奥古斯丁在《忏悔录》中花了许多篇幅，说明欲望是人类天生就有的一种东西，没办法靠自己克制。尽管如此，我们还是可以上天堂，而我们需要做的就是信仰上帝，并且向上帝忏悔，希望上帝能够原谅我们。相对于前者那种透过苦行、禁欲的手段让人们获得救赎，奥古斯丁这种明白展示人们没法克制欲望、只能通过忏悔及期许上帝赦免人们等方式，更能够引起当时人们的共鸣。

（二）没有所谓的恶，只有善的缺乏

奥古斯丁能够在当时众多教父中脱颖而出，除了他的人生经验之外，他的博学绝对是个重要关键。当时尽管基督教有许多不同教义，彼此之间互相攻击，但基督教的教父们大多都同意，这世界所有事物皆是由上帝创造，而且上帝是全知、全能、全善的存在。因此，上帝没有不知道的事情，也没有做不到的事情；上帝是绝对的善。

当这些教父如此描述上帝时，问题就出现了。这世界存在的所有事物都是上帝创造的，而且这世界显然存在一些恶行；因此，恶行想必也是由上帝创造。如果恶行是上帝创造的，我们怎么能说上帝是绝对的善呢？上帝应该可以不创造恶行啊！这个问题在当时困扰了许多基督教的教父，他们没有一个具有足够说服力的回答。

奥古斯丁给出了一个对时人来说具有说服力的答案。他认为上帝还是绝对的善，而善与恶并非两个不同且对立的事物。事实上，并没有所谓的恶，只有善的缺乏；有些地方比较缺乏善，人们因此以为那样是恶了。一如黑暗只是缺少光明，而缺少光明不等于创造了黑暗；同样地，缺乏善不等于创造了恶。因此，上帝没有创造任何恶。

（三）理性是为了信仰服务

奥古斯丁的回答当然不是原创的，类似的想法早在柏拉图及柏拉图之前的赫拉克利特就已提过。不过由此可知，奥古斯丁对于学问的涉猎非常广泛，尽管当时处于中世纪神学思想流行的年代，他依然对于希腊时期的哲学思想有足够的了解。也因为他的博学，使得他能够利用许多其他教父缺乏的资源，帮助自己赢得一场又一场的辩论。

然而，就如当时许多教父一样，奥古斯丁虽然借用了哲学与其他教父辩论，但他依然不认为哲学或理性可以带给我们真正的真理。对奥古斯丁来说，没有信仰的哲学家无法获得终极的真理，而理性只是为了信仰服务，因为只有理性可以让我们看到这一点。

神学泰斗　阿奎纳

如果说奥古斯丁是中世纪教父时期最重要的代表人物，那么阿奎纳就是中世纪经院时期最重要的代表人物。十二世纪之后，亚里士多德的著作被广泛引进基督教世界，其富有理性与系统性的哲学与科学体系，冲击了当时的基督教圈。

（一）调和神学与哲学

亚里士多德认为我们可以通过理性与观察追求真理，完全不需诉诸信仰，这种主张造成哲学与神学对立的局面。但是，人们又不能轻易摒除亚里士多德的著作带来的许多知识，因为他的著作确实为当时的世界注入了许多

阿奎纳

托马斯·阿奎纳（Thomas Aquinas, 1225—1274 年），中世纪经院哲学的哲学家、神学家。他把理性引进神学，用"自然法则"来论证"君权神圣"说，是自然神学最早的提倡者之一，代表作为《神学大全》。

新知。在这种神学与理性的冲突之下，如果不能够直接放弃理性，那么，最好的方式就是让理性变成神学的好朋友。阿奎纳正是在这样的脉络下，开启了他的神学与哲学研究。

阿奎纳最著名的著作有两本，分别为《神学大全》（*Summa Theologica*）与《哲学大全》（*Summa Contra Gentiles*）①。在接触亚里士多德的哲学之后，

---

① 拉丁文。

阿奎纳被其哲学主张深深吸引，因此终其一生都在试图调和神学与亚里士多德哲学。他认为如果能够证明我们可以依靠理性获得神学，那么神学与哲学将不再对立，同时也会使得神学更具有说服力，让人们有更理性的基础来信仰基督教。

（二）证明上帝存在的五路论证

中世纪的神职人员除了传教，最重要的一件事莫过于提供上帝存在的证明，因为这才是最有助于传教的方式。因此，阿奎纳一生中最主要的成就，就在于他以亚里士多德哲学为基础，建构了著名的上帝存在"**五路论证**"[①]。五路论证是阿奎纳以亚里士多德的"因果原则"为基础，透过五种不同的角度，结合了逻辑之后所得出的论证。

五路论证中的第一路被称为"**运动论证**"（argument from motion），运动论证关注的角度在于"**变化**"。各种事物在运动时，其形体及占据的空间必定有其变化，比如叶子被风吹动、月亮的盈亏等。而事物的变化必定要诉诸外力，因为事物没有办法自己变化。但是，那些可以使事物变化的"外力"也是一种变化，因此它们也需有别的外力加诸其身。如此一直往后推的结果，必定会停留在某一个地方，不会无限地后推。这个地方就是所有变化的源头，而这个源头就是上帝。

第二路论证被称为"**动力因论证**"（argument from efficient cause），动力因论证关注的角度在于"**生灭**"。动力因这个词最早在亚里士多德的"四因说"里面出现，比如一棵树要变成桌子，需要木匠来完成这个工作，而木匠的行为就是树变成桌子的动力因。此时树没了，桌子产生了，如果我们接着再往后推，则树的生成必须伴随着种子的消失。因此，所有事物的生成与消失，必定都有一个动力因牵涉其中，而且我们可以将整个动力因的系列一直往回推。但是，这个系列一样不能永无止尽，它必定停留在某个地方，也就是存在第一个动力因，而这第一个动力因就是上帝。

---

① 五路论证收录于其著作《神学大全》之中。

第三路论证被称为"**必然与偶然存有论证**"（Proof from Necessary vs. Contingent Being），这个论证关注的角度在于"**存在**"。这世界上许多事物的存在皆是偶然；偶然存在的意思是说，这些事物可能不存在。比方说，如果我们的父母没有结婚生子，那么你我都有可能不存在于这世界。如果世界上存在的事物是偶然的，就表示在某些时间点，这些事物并不存在。如此往回推论，必定有一个时间点没有任何偶然的事物存在。但是，世界又不可能没有任何东西存在，因为偶然的事物都必须经由先前存在的事物产生，如此一来，我们可以推论出世界上有一个必然存在的事物，这个事物先于所有偶然存在的事物，也就是上帝。

第四路论证被称为"**价值论证**"（Argument from Perfection），顾名思义，关注的角度在于"**价值**"。我们知道，价值是一种程度性概念，某些东西比其他东西更有价值，某些善比起其他善具有更高程度的善。我们要比较这些不同的程度，则必须要有标准的存在，这个标准刻化了所有的程度。既然有标准，而标准又不能无限延长，因此一定有一个最高的、最完美的价值。以善来比喻的话，就是有一个最完美的善，这个最高的价值，就是上帝。因此，上帝是所有价值的最完美存在，而标准存在，那么上帝也存在。

第五路论证被称为"**设计论证**"（Design Argument），这个论证关注的角度是"**目的**"。亚里士多德的哲学以目的论贯穿整个体系，他认为所有事物都有其目的，但目的并非天生，必定有一个设计者出于某种原因，赋予事物某种目的，而这个设计者本身不是被设计出来的，否则一样会造成

名家逸事

阿奎纳是一个生性低调的人，他不太爱讲话，因此年轻时经常被误以为是个迟钝的人。不过，当他被迫向大家分享自己的意见与想法时，人们总会讶异于他的聪颖。每当阿奎纳讲解完后，时常会要求人们不要对外声张他的这些事情。

无限的后退。因此，有一个赋予所有事物目的的设计者存在，这个设计者就是上帝。

上述五路论证，被认为是中世纪所有上帝存在论证中，逻辑结构最清楚简洁的论证，至今仍为许多基督教会人士接受。

近代哲学之父 笛卡尔

笛卡尔

勒内·笛卡尔（René Descartes, 1596—1650年），法国著名哲学家、物理学家、数学家。数学上，他开创了解析几何学；哲学上，他是西方现代哲学思想的奠基人之一，开拓了理性主义哲学，提出"我思故我在"。

笛卡尔是法国著名的哲学家与数学家，他在哲学上最重要的著作《沉思录》(*Meditations on First Philosophy*)，奠定了往后哲学领域中知识论的整个研究取向。笛卡尔被称为"近代哲学之父"，近代哲学所讨论的哲学议题，基本上延续了笛卡尔在哲学上的关注，尤其对于知识论的讨论，更是从笛卡尔开始有了极其深远的影响。

（一）只要通过理性，就可获得知识

笛卡尔活跃于启蒙运动时期，当时的欧洲正值教会势力衰落、科学主义兴起，人们开始对知识有了更多的关注。笛卡尔是一名理性主义者，主张我们可以仅通过理性获得知识，其中有些知识是天生的知识，不需透过经验即可获得。此外，由于他是一名数学家，因此他认为所有的知识都必须建立在稳固的基础之上，就好像所有的数学定理都必须建立在稳固的数学公理之上。

（二）自我的存在

为了寻找知识中最稳固的基础，笛卡尔想到的方法是先怀疑所有的知识，接着把所有可能不成立的知识都排除掉，剩下来那个无法被排除掉的东西，就是所有知识中最稳固的基础。于是笛卡尔开始思考，我们的感官经验常会带给我们许多信息，比如我们看到桌上有一支笔，远方有一辆车。过去我们会认为感官经验可以带给我们知识，但笛卡尔认为感官经验带给我们的知识并不可靠，因为我们很有可能被感官经验所误导，比如筷子插在水里看起来像是折断了，远方草地上的牛羊可能只是一群立牌。因此，感官经验不能够作为知识的基础。

接着，笛卡尔开始思考数学知识。二加二等于四，三角形有三个角，这样的知识应该很稳固了吧？不过，笛卡尔认为数学知识仍然不够稳固，因为他可能正身处于一场骗局之中，有一个恶魔欺骗了他，误以为数学知识是真的，误以为二加二等于四。如果数学知识也能够被怀疑，那么数学知识也不够可靠。

最后，他开始思考自己是否存在。还好，他发现自己必定是存在的，因为当他开始思考自己是否存在时，他一定要先存在，才能够这样思考啊！如果他不存在，他怎么可能思考自己是否存在呢？透过这样一连串对于知识的怀疑，笛卡尔总算确定了我们所拥有最基础的知识，就是**自**

我的存在。

（三）心物二元论

在确立了自我的存在后，笛卡尔的下一个问题是：我们是怎样存在的呢？他继续思考着：我可以想象自己没有手而存在，也可以想象自己没有脚而存在，我甚至可以想象自己没有任何的肉身，却依然存在。可是我没有办法想象没有自我而存在，因此，自我肯定是我的本质，而且自我不是一种**物理性实体**，而是一种**非物理性实体**，比方说精神性或心灵性实体。经过这样的推论之后，笛卡尔确立了自己的形而上学立场，认为世界上存在物理性与非物理性实体，而自我是一种非物理性实体。这样的立场被称为"**心物二元论**"（Mind-body Dualism），主张世界是由两种不同性质的实体所构成的。

（四）知识的有效性

确认了自我是一种非物理性实体且必定存在之后，笛卡尔终于可以开始发展他的知识体系。下一个他要解决的问题，就是回答人类获得的知识的有效性。要获得知识，一定要先有一个知识的载体，还好这个载体的存在已经得到了解决。接下来就是要回答我们要怎么避免受到欺骗，获得真正的知识。关于这个问题，笛卡尔采用安瑟尔谟的"**本体论论证**"来回答。本体论论证了上帝的存在，于是笛卡尔认为，由于上帝存在，而且上帝是全善的，因此上帝不可能让恶魔欺骗我们，这么邪恶的事情不可能在上帝的眼皮底下发生，所以我们可以放心地接受我们的数学知识都是有效的。而且，也因为有上帝的存在，我们的感官经验在多数情况下也都是有效的，除非遇到幻觉或错觉，否则上帝将会确保我们的感官经验不受恶魔影响，感官经验可以获得关于世界的知识。

虽然笛卡尔认为自己的论证可以良好地说明知识的有效性，但他的论证却建立在一个对后世来说没有说服力的"本体论论证"之上。因此，对于后来的哲学家而言，笛卡尔事实上没有真的证明数学知识或感官知识的有效性。尽管如此,也不影响笛卡尔的知识论引领了后世三百年的哲学家们,开始致力于研究知识有效性的议题。

名家逸事

十七世纪中期,笛卡尔受到瑞典女王克里斯蒂那(Kristina)的邀请,至斯德哥尔摩担任她的家庭教师。为了配合女王的作息,笛卡尔每天早上五点就必须到宫廷给女王上课,也因此在不久之后染上肺炎,告别了人世。

哲学界的牛顿　洛克

洛克

约翰·洛克(John Locke, 1632—1704年),英国哲学家。他与乔治·贝克莱、大卫·休谟被公认是英国经验主义的代表人物,洛克在社会契约理论上做出了重要贡献,其代表作为《人类理解论》。

洛克是启蒙时期著名的政治家与哲学家,出生于英国,花了二十年完成哲学著作《人类理解论》(*Essay Concerning Human Understanding*),出版之后影响往后一百年的西方哲学思想。洛克的哲学思想对后代影响有多大呢?我们可以这样理解,所有人大概都会同意在启蒙运动时期,科学上最大的突破就是牛顿在物理学上的成就。洛克在哲学上的成就,堪称是哲学界的牛顿;如果牛顿建立的是物理界的知识基础,那么洛克则是建立了哲学界的知识基础。

(一)观念来自于经验

不同于笛卡尔,洛克是一位经验主义者,他反对笛卡尔的理性主义观点。洛克不认为有天生的知识,也不认为知识可以仅通过理性而获得。对于洛克来说,我们的心灵是一张白纸,而我们的所有经验必须在我们跟世界接触之后,才能够在心灵上留下一道道痕迹。"**观念**"(Idea)是洛克哲学中最关键的一个概念,洛克认为当我们的心灵在思考时,我们一定是通过观念来思考,而观念是后天养成的。我们通过经验习得某些观念,再经由观念看待我们所获得的经验。因此,没有所谓天生的观念存在,所有知识都必须通过经验,才可能被我们掌握。

如此一来,洛克的整个知识论体系所贯彻的核心主张,就是我们通过经验这个世界的方式来认识这个世界。有些笛卡尔的支持者认为,洛克提倡的经验主义无法解释我们为什么可以不接触世界,直接反思自身的心理状态。洛克则认为,虽然反思自身的心理状态不需要接触世界,但是反思也是一种经验,而我们也是世界的一分子,因此我们确实可以反思我们的内在经验,这样的想法与经验主义并不冲突。

(二)简单观念与复杂观念

既然"观念"对洛克来说这么重要,他势必要好好说明什么是观念。洛克认为观念有两种:**简单**(simple)**观念**与**复杂**(complex)**观念**。简单观念是感官直接给予我们刺激之后所产生的观念,比方我们闻到花的

"芳香"、看到血的"红色"、尝到西瓜的"甘甜"等等,这些是直接通过感官经验所带给我们的观念。复杂观念则是由简单观念的结合所构成,比方"西瓜"就是由绿色的皮、红色的果肉、甘甜的汁液等所构成的复杂观念。

有些人可能会认为,如果观念是通过现实经验而来,那么洛克要如何解释我们有时确实拥有一些非现实上存在的事物的观念,比方说"飞马"的观念?对洛克来说,这个问题不难回答,因为复杂观念并没有预设一定要是现实存在的事物,而那些不是现实存在的事物,其实也是经由现实存在事物的观念所构成,例如"飞马"就是由"翅膀"与"马"的观念所构成的复杂观念。

(三)初性与次性

在区分了观念之后,洛克接着又依简单观念的性质将其区分为**初性**(Primary Qualities)、**次性**(Secondary Qualities)两种。事物的初性指的是事物本身的性质,比如事物的长、宽、高、运动状态等。这些性质不需涉及我们对事物的主观判断,例如一个东西若长十厘米,那么不管谁拿尺来量,都会是十厘米。事物的次性则是事物对我们所展现的性质,比如事物的颜色、味道、声音等,这些性质涉及我们对事物的主观判断,例如我们对于一朵花的颜色可能会有不同判断。

洛克认为,事物是否拥有某种初性是客观的,与我们是否察觉到这个性质无关。就好像我们虽然不知道一个东西的长度,但这并不会因此改变这个东西的长度。然而,次性就不一样了,如果我们没有察觉到一个事物的次性,那么对我们来说,这个事物就没有这个性质。例如我们倘若没有看到一朵红色的花,那么对我们来说,这朵花就没有"红色"的性质。因此,对洛克来说,次性必须被知觉到才会存在,如果没有被知觉到,就不算存在。

有了上述的区分之后,我们大致可以看出洛克的知识体系了。对于洛克来说,**经验构成了观念**,而**观念构成了知识**。洛克也通过这样的方式说明科学的客观性。他认为自然科学中的知识，是通过简单观念中的初性去建构；由于初性是客观的，因此自然科学的知识也会是客观的知识。

彻底的怀疑者　休谟

休谟

大卫·休谟（David Hume, 1711—1776 年），苏格兰不可知论哲学家、经济学家、历史学家，被视为苏格兰启蒙运动以及西方哲学历史中最重要的人物之一，代表作有《人性论》《英格兰史》。

英国哲学家休谟是洛克的忠实支持者，且是一位破坏力强大的哲学家，许多人视休谟为当代怀疑论者与经验主义者的偶像。作为一名经验主义者与怀疑论者，休谟贯彻了经验主义的核心思想，怀疑所有普遍命题型式①的知识宣称，以及所有不是通过经验而来的知识宣称。

休谟的主要哲学著作为《人性论》（Treatise on Human Nature），他希望通过这本书探询普遍的知识，但是从结果上来说，他的追求是彻底地失败了。

---

① 如"所有的人都会死"这种以"所有"开头的知识宣称。

尽管他没有成功求得普遍的知识原理，他的哲学主张依然为当时的哲学圈种下强大且具有影响力的种子。

（一）反对笛卡尔式的自我及上帝的存在

身为一名经验主义者，休谟强调所有知识都必须以经验为基础，那些没有经验基础的宣称，都没有资格被称为知识。因此，休谟拒绝了许多我们一般认为是知识的东西存在。既然是经验主义者，笛卡尔当然是休谟的死对头。笛卡尔认为自己的论证不但可以证明自我的存在，还可以克服怀疑论的主张，证明我们获得的知识都是真的、有效的。休谟反对笛卡尔这一系列的论证。

首先，他反对笛卡尔式[①]的自我存在。休谟主张，许多人认为我们可以通过反思自身发现笛卡尔式自我的存在，这样的想法是荒谬的，因为我们反思自身时，只会察觉到我们各种各样的心理状态，比如我们的情感、记忆等各种**知觉**，但是，这些知觉不是笛卡尔说的那种自我。我们只能够通过反思察觉到我们的知觉，无法透过反思认知到笛卡尔口中的自我。如果真的有自我，那么自我顶多是一大堆知觉所构成的东西罢了。

接着，笛卡尔通过主张上帝的存在来破解怀疑主义，上帝的存在可以确保我们不会被欺骗。因此，休谟下一个目标就是反对上帝的存在。他的反对其实很简单，笛卡尔透过本体论论证来证明上帝存在，休谟认为本体论论证根本没有经验证据可以支持，因此这个论证本身无法被验证。如果本体论论证无法被验证，笛卡尔就不能通过此论证证明上帝存在，因此笛卡尔没有成功地消除怀疑主义。

（二）质疑归纳法与因果关系

除了攻击笛卡尔之外，休谟最著名的哲学主张还有对归纳法有效性的质疑，以及对因果关系必然性的质疑。归纳法是科学理论最常用来获得知

---

① 笛卡尔式的自我是种纯粹的精神实体，可以独立于知觉与肉体而存在。

识的方法之一，比方说，科学家们会检查哺乳类动物，如果他们发现这些动物都是胎生的，科学家们就会宣称"所有哺乳类动物都是胎生的"[1]。归纳法不但被科学家使用，也常被我们拿来使用，比如我们都认为"所有人都会死"，因为到目前为止，我们还没看到过不会死的人。休谟认为，这种通过归纳得出的结论是无效的，不能被称为知识，我们不能从有限次的经验中，推论出具有普遍性的知识。换句话说，就算我们通过经验，发现到目前为止没有不会死的人，我们也不能说"所有人都会死"，因为我们没有检视过所有的人。

同样地，我们常会认为因果关系有必然性，例如，当我们说两个事件之间具有因果关系，我们的意思是前面那个事件一旦发生，必定会使后面的事件发生。休谟认为，尽管我们可能经验过许多次因果关系，但这仅仅表示我们经验过"前面的事件发生后，后面的事件随之发生"，我们的经验内容本身并没有经验到因果关系的"必然性"。换句话说，我们的经验不是"前面的事件发生后，必然地，后面的事件随之发生"。如果我们没有经验到必然性，我们就不能够主张因果关系具有必然性。

如果我们所有的知识都是通过归纳法得来，我们就不能够宣称我们拥有普遍的知识，因为归纳法不是一个有效的知识来源。休谟这样的主张挑战了当时的科学社群，科学家与非怀疑主义的哲学家们也为此伤透脑筋，甚至说整个二十世纪的科学家都为此所苦，亦不为过。

> **名家逸事**
>
> 身为一名经验主义者，休谟是个非常重视知识基础的人。他曾经说过："如果一本书里面的内容不是以数学或者逻辑作为基础，也不是以经验作为基础，那么这本书就可以烧掉了。"

---

[1] 目前科学发现，鸭嘴兽与针鼹都是卵生的哺乳类动物。

哲学界的哥白尼　康德

康德

伊曼努尔·康德（Immanuel Kant, 1724—1804 年），德国哲学家，德国古典哲学创始人，其学说深深影响了近代西方哲学，并开启了德国古典哲学和康德主义等诸多流派。代表作有《纯粹理性批判》《实践理性批判》《判断力批判》。

有人认为，德国哲学家康德是继亚里士多德后，最伟大也最具影响力的哲学家。康德一生保持单身，平常除了散步之外，就是埋首于桌前，钻研数学、逻辑与哲学。他每天的生活作息非常固定，会在固定的时间外出散步。据说，由于康德散步的时间固定，邻居们都以其散步的时间来调整时钟。

康德的影响力主要来自于他的三大著作：《纯粹理性批判》（*Critique of Pure Reason*）、《实践理性批判》（*Critique of Practical Reason*）、《判断力批判》（*Critique of Judgment*）。在康德的著作中，尤其以前面两本著作最具有影响力。《纯粹理性批判》试图调和理性主义与经验主义，找出我们客观判断背后的原则;《实践理性批判》则致力于为道德判断与道德原则提出普遍性的说明。

（一）先验知识的存在

康德早期是个理性主义者,深受笛卡尔的影响,认为人类可以通过理性获得真理。在接触休谟的哲学主张之后,康德对于理性主义的信心遭受到了打击,经验主义带给人的冲击十分简单却具有说服力。为了替自己的哲学立场辩护,康德开始调和这两种哲学主张的研究。

康德的基本想法很简单,他认为理性主义和经验主义未必是冲突的,应该可以透过某种方式化解冲突。首先,根据经验主义,我们只能够通过经验获得知识。假如经验主义的想法是对的,所有知识都只能通过经验来学习,要如何说明世界上有一些知识,比方说数学知识,是大家都认同的呢?处于不同生活环境背景下的人,也会认同同样一套数学知识,这代表并非所有知识都是通过经验才能学得。于是,康德推论出有所谓先于经验的知识,也就是先验知识的存在。

更精确地说,先验知识并不是一种有精确内容的知识,而只是一种形式,这种形式可以用来让我们理解我们观察世界所获得的经验知识。先验知识就像一本食谱与工具,有了食谱与工具之后,我们才能够做出一道道菜肴,而这些菜肴就是经验知识。

（二）观念论

有了这样的设定之后,我们就可以说明为什么会有大家都认同的知识了。由于所有人都是用同样一组先验知识获得概念,如此一来当然可能得出一样的经验知识,而这类经验知识对人类来说就具有普遍性,可以被视为真理。但是我们要注意,这样的想法使康德成为一位**观念论者**（Idealist）。

观念论的基本想法是：我们所获得的真理都仰赖于我们的观念,我们无法认知到观念以外的真理。为什么康德会这么认为呢?原因其实就在他对于先验知识的理解中。我们可以这样设想,假设存在一种非人类的生物,这种生物必定也会有它们自己的先验知识,而且它们的先验知识可能与人类不同[1]。如果它们的先验知识不同于人类,就好像它们烹饪的食谱和工具与我们不一样,当然也就会做出与我们不同的菜肴。因此,人类只能仰赖自己的观念与概念去获得真理,而且这些真理的客观性仅限于人类。不同的物种可能会获得不一样的真理,就好像蚂蚁看待世界的方式与我们不同,但这并不代表蚂蚁看待世界的方式不具有客观性。蚂蚁看待世界的方式,对蚂蚁这个族群来说是具有客观性的。

(三)义务论

康德对于哲学的另一大贡献是在伦理学领域上,他开创了规范伦理学领域中的**义务论**(Deontology)传统。康德认为,世界上存在客观的道德法则,而且客观的道德法则不是通过经验获得,是通过我们的理性获得。这些道德法则之所以具有规范力与权威性,不是因为这些法则符合我们的欲望,也不是因为这些法则可以让我们过得更幸福,而是因为这些法则本身就告诉我们应该怎么行为。如果我们是理性的人,自然而然会依这些法则来行为。

上述的想法康德称为"**定言令式**"(Categorical Imperative)。康德视道德法则为一种命令,而如果道德法则是一种命令,我们就有义务服从命令,因此道德法则具有规范力与权威性。也因此,我们遵守道德法则,不是因为这样做可以为我们带来什么好处,而是因为这样做是我们的义务。

对康德来说,理性可以让我们理解我们拥有这样的义务,比如说,当我们思考是否要遵守诺言时,我们先思考大家是否可以不遵守诺言。如果大家都不遵守诺言,那么诺言本身就没有意义了。因此,一个理性的人会认为

名家逸事

虽然康德终生未婚,但这不代表康德对女性没有好感。据说他在担任某伯爵之子的私人教师时,曾经暗恋此伯爵的妻子。伯爵夫人改嫁另外一位贵族后,康德愤而辞去教师职位,从此再也不接近任何女子。

---

[1] 对康德来说,身体(或大脑)的构造,决定了我们会有怎样的先验知识。

大家都应该遵守诺言，遵守诺言本身就是我们的义务。此外，只有出于义务而遵守道德法则的行为才具有道德价值，如果一个人出于个人利益而遵守道德法则，这样的行为就没有道德价值。

矛盾的协调者　黑格尔

黑格尔

格奥尔格·黑格尔（Georg Hegel, 1770-1831年），德国哲学家，德国古典唯心主义的集大成者，他对存在主义和马克思的历史唯物主义都产生了深远的影响。

德国哲学家黑格尔是继古希腊时期的亚里士多德之后，少数全才型哲学家的代表。他的知识含量有如一部百科全书，而他的哲学研究也遍及形而上学、心灵哲学、形式逻辑、物理、化学、生物、地质、政治、法律、美学、宗教、历史哲学等。他的主要著作有《精神现象学》（Phenomenology of Spirit）、《哲学全书》（Encyclopedia of the Philosophical Sciences，分成三卷出版）、《法哲学原理》（Elements of the Philosophy of Right）。在他死后，学者们将黑格尔上课演说的讲义及学生所做的笔记整理出版，重要的书有《美学讲演录》（Lectures on Aesthetics）、《宗教哲学讲演录》（Lectures on the

Philosophy of Religion)、《历史哲学讲演录》(*Lectures on the Philosophy of History*)。必须注意的是,由于不同学者所整理出来的内容不同,所以这些讲演录各自也有多种不同的版本。

(一) 世界本身就是主体

康德的理论虽然造就了一场革命,却也引发了许多问题。就形而上学而言,如果真如康德所言,客观世界的本质随着人类的主观观点而变动,那么我们就不能主张有客观真理存在。更重要的是,不仅人类与其他生物的主观观点之间有重大差异,人类与人类的主观观点间也有很大的不同。比方说,古代人相信以牙还牙是道德真理,现代人则否定这是真理。所谓"真理"必须是**在某个主观条件**下才有意义可言,但这个结论对形而上学家来说是个灾难:如果没有客观真理,我们要如何探究世界的本质?

如同我们在前面所述,在历史的漫漫长河中,不同时期的真理皆有不同,甚至是互相矛盾的。这些真理都是从某时代的观点而来,也都构成这世界的一部分。如果黑格尔要寻找世界的本质,根据观念论,这个本质必须来自某个观点。但是这个观点必须超越所有时代的观点,因为它不可能等于任何一个时代的观点;如果它是某个时代的观点,比如说,假设它是现代的观点,那么它就会与古代的观点相冲突,这个观点也就不能成为古代观点的基础。所以黑格尔说,**世界本身就是一个观察主体,它本身是带有观点的**;它所观察的对象就是它自己。为了说明方便,黑格尔在许多篇章中用"世界"一词指称作为客体的世界。当要指称作为主体的世界时,黑格尔使用的词汇是"**世界精神**"(Spirit)。

(二) 正反合辩证法

精神是个主体,它也必定能够思维。它的思维方式就是黑格尔著名的辩证法。与人类一样,在初始阶段,它对于某个特定概念会提出一种观点。这个观点就称为"**正题**"。但是,因为精神处于初始阶段,这个观点必定是片面而不完整的。为了达到完整的观点,精神必须不被这个观点所囿限,必须超脱出正题。当它超脱出正题的观点时，它的观点就被扩大，进入一个全新的视野，这个新观点就被称作"**反题**"。

正题与反题之间的关系不一定是逻辑学意义下的矛盾，更恰当的说法是"**对立关系**"。因为从正题的观点来看，反题是一个全然不同的观点，两者之间的差异很大，甚至大到彼此不协调的地步。精神虽然面对两个彼此不协调的观点，但精神知道两者都是真理的一部分，所以精神就进入反思的阶段。在反思的过程中，精神思考两种观点的理由，并寻求一个更高的视角，俯视前两个观点，这时它得到的新观点称作"**合题**"。在合题的观点下，正题与反题之间的对立便消失，两者各自扮演恰如其分的理论角色，此时个别的地位与角色才会真正显露出来。

我们以从理性主义到康德之间的哲学史为例，示范辩证法的应用。十七世纪的哲学家认为算术、几何学这类天生知识才有绝对的确定性，经验知识则没有，因为经验时常欺骗我们。理性主义这种对知识的观点是当时的主流观点，但理性主义仅是片面观点，并不是完整观点，因此必须被**超越**（以黑格尔的术语来说是"**否定**"）。当人们超越（否定）理性主义时，发现天生知识不可能存在，这是因为如果人的心灵不跟外在世界有因果关系的连接，人就不可能具有关于世界的信息，所以人不可能天生就有知识。知识必须有经验作为来源，就连数学也不例外。这种经验主义的知识观点即是反题，当人们超越理性主义的观点而进入经验主义的观点时，他们发现这是一个全然不同的观点。

理性主义与经验主义之间很难调合，但是两者都掌握了部分真理，所以两者之间的对立必须被统合。康德的理论就是合题：在康德的理论中，两者之间不再对立，而且各自的恰当角色能够充分展现。康德主张数学是人类认知世界的天生结构，理性主义正确的地方在于指出数学是天生的知识；经验主义正确的地方在于指出知识必须有经验作为来源，因为数学只是结构，其本身无法提供外在世界的信息。

黑格尔主张每个时代的观点都是真理，因为不同时代的真理不同，所以**真理会变动**。但黑格尔认为每个时代的真理都只是相对的，当精神对于自身的认知达到最完整、融贯的状态时，它就被称为"**绝对精神**"（Absolute Spirit）。他认为只有绝对精神才是绝对的真理。

（三）真正自由的伦理生活

黑格尔的伦理学乃是针对法国大革命时代思潮的超越（否定）。在他之前的自由主义者把个人当作一颗颗孤立的原子，个人与个人之间本来没有任何关系，为了各自的利益，才互相合作组成一个社会或国家。自由主义者认为，当一个国家或社会无法继续维持人与人之间的平等合作关系，或者当个人组成社会后其利益受到的损失，比起人们不组成社会所受到的利益损失还要大时，人们就有权利从社会中脱离出来。我们可以看出自由主义者的主张预设了一个前提：个人的自我认同可以先于社会存在，可以独立于其所属的社会脉络。

黑格尔锐利地指出自由主义的基本预设并不恰当。每个人的自我其实都深刻地根植于他所属的"命运共同体"。我是谁呢？我不仅是我，我还是某人的父／母、子／女，同时还是别人的同学、老师或朋友。我不是一个孤立的个体，而是某些共同体的一分子，比如篮球队队员、哲学学会会员、合唱团团员。生活在这些共同体之中的成长经验，与这些伙伴同甘共苦、彼此之间不离不弃等，这些背景构成了我们每个人的自我。因此，对于黑格尔而言，自由主义并没有恰当地捕捉到"社会即是命运共同体"的特征。

从这个角度来看，我们可以清楚地知道自由主义者所提倡的伦理生活方式，并不能带给人们真正的自由。真正自由的伦理生活必须能同时尊重人类的个体性及人类的共同体面向。也就是说，在自由的伦理生活中，每个人不仅可以充分发展自己的利益、兴趣，同时也能认同社会的共同价值，认同

> **名家逸事**
>
> 据说有一次黑格尔家失火了，家中的用人慌张地跑进黑格尔的书房，通知他这件事情，只见黑格尔不慌不忙地回答："我不是说过很多次，我不管家事的吗？这种事情去跟我太太说吧，不要打扰我思考。"

自己是这个共同体的成员。在这样的伦理生活中，人才能获得幸福。我孝顺父母，不只由于这是一项道德义务，更由于我敬爱我的父母，因为身为人子构成了我的自我认同。同理，我遵守社会规范不仅因为这是一项义务，也因为我认同这个社会，我是这个共同体的一分子。因此，在履行义务的同时，每个人也在实现自我认同。

分析哲学的典范　罗素

罗素

伯特兰·罗素（Bertrand Russell, 1872—1970 年），英国哲学家、数学家、逻辑学家、历史学家、文学家，分析哲学的主要创始人，世界和平运动的倡导者和组织者。

英国哲学家罗素是当代最知名的哲学家及数学家之一，他和弗雷格、维特根斯坦并列为开创整个英美分析哲学体系的先驱。罗素是个无可救药的数学迷，自从十一岁那年接触到数学之后，他深深着迷于数学中那种严格的证明系统，认为只有数学能够作为获得真理的工具。到了三十八岁，他与怀特海合写《数学原理》（*Principia Mathematica*）一书，这本书被视为现代数学的基础，希望能够将数学化约为逻辑，可惜最后没有成功。其他有名的著作还有经典的《西方哲学史》(*Western Philosophy*)以及《哲学问题》(*Problems of Philosophy*)，前者对研究哲学史的学者来说是非常重要的工具，后者则是清晰简易的哲学入门书籍。

（一）空词难题

罗素在哲学上的最大贡献，在于使用逻辑作为分析语言的工具，使得语言哲学跃上台面，成为二十世纪最主流的哲学议题之一。在语言哲学上，罗素通过逻辑解决了当时语言哲学中困扰许多哲学家的"空词难题"。在当时的哲学圈，由于罗素的影响，人们热衷于透过分析语词的概念，研究一个语句到底是什么意思。比如今天有个语句是"海南岛位于中国的南端"，我们要了解这个语句的意思，就要知道"海南岛""位于""中国""南端"等语词的概念，然后才能理解这个语句。了解语句的意思之后，才有办法说出这个语句是真的还是假的。

但是，这样的方式在遇到某些语句时会遇到困难，比如罗素最出名的例子"当今法国国王是秃头"，我们可以了解这个语句中的各种语词，也了解这句话的意思，但是这句话到底是真的还是假的呢？我们知道，现在的法国根本没有国王，这样的话，我们是否得说这句话是假的？等等！如果我们说这句话是假的，我们的意思好像会变成"当今法国国王不是秃头"，但这不是我们的意思啊，因为现在根本没有法国国王。可是，我们又不能说这句话是真的，那么，难道要说这句话不是真的也不是假的吗？这么做又会违背了广为人所认同的"**二值原则**"(the principle of bivalence)。根据二值原则，一个语句如果不是真的就是假的，不会有其他选项。

（二）确定描述词理论

空词难题困惑了当时许多哲学家，而罗素的贡献则是透过逻辑分析"当今法国国王是秃头"这个语句，提出"**确定描述词理论**"(the theory of definite descriptions)来解决空词难题。罗素认为，当我们面对一个以确定描述词[1]作为主词（比如"当今法国国王"）的语句时，这个语句包含三种宣称，第一种是**存在性**的宣称，意思是这个主词所指称的对象是实际上存在的。第二种是**独一性**的宣称，意思是这个主词只会指称一个对象。第三种是**述词**[2]的宣称，意思是这个主词合乎述词的描述。

如果以这种方式理解"当今法国国王是秃头"，意思是说这个句子本身包含了三种宣称：第一种宣称是"存在一个人，这个人是当今法国国王"；第二种宣称是"只有一个人是当今法国国王"；第三种宣称是"这个人是秃头"。接着，如果要主张"当今法国国王是秃头"这个语句是真的，这个语句所包含的三种宣称都要是真的[3]。只要其中一个宣称是假的，我们就可以说这句话是假的。因此，我们现在可以很放心地说"当今法国国王是秃头"这句话是假的，因为第一个宣称是假的，现在并不存在法国国王。

透过这种方式，我们就可以谈论许多涉及空词的语句，并且在赋予这些语句真假值的时候，说明这个语句之所以是假的意思是什么，不用再像一开始那样，认为"当今法国国王是秃"是假的，就好像必须说"当今法国国王不是秃头"。罗素以逻辑为基础，让我们能够在日常生活中的更多层面上讨论语句的意义与真假值，以此避开当时语言哲学与逻辑普遍遭遇到的批评：能够探讨的语句类型太过狭隘。

> ### 名家逸事
>
> 罗素一生风流成性，曾经历四次婚姻与许多次婚外情。由于罗素早年在越战期间发表过许多反美言论，而被指控为"反美主义者"，但是罗素本人对这种指控的回答是："我的妻子有一半以上是美国人呢！"

---

[1] 确定描述词指的是一个有确定指称对象的主词，比方说"当今美国总统""比克大魔王""鲁夫"等等，不论这些语词指称的对象是否存在，这些语词都有一个确切的指称对象。

[2] 我们可以将"述词"理解为某种性质，比如"是哲学家""是秃头""会说英文"等等，可以用来说明一个人所具备的性质。

[3] 这里是诉诸古典逻辑中"而且"（and）这个连接词的使用规则。如果"A而且B而且C"是真的，则A、B、C都要是真的。只要三者之中有一个是假的，那么"A而且B而且C"就是假的。

最难懂的哲学家 维特根斯坦

维特根斯坦

路德维希·维特根斯坦(Ludwig Wittgenstein, 1889—1951年), 20世纪最有影响力的哲学家之一,其研究领域主要在数学哲学、精神哲学和语言哲学等方面,曾经师从英国著名哲学家、作家罗素。

维特根斯坦出生于奥地利的维也纳,并在纳粹吞并奥地利之后转入英国籍。他有犹太人血统,据说中学时期和希特勒(Adolf Hitler)是同学。维特根斯坦是逻辑学家、语言学家与哲学家,是二十世纪语言哲学的奠基人之一,与罗素、弗雷格并列为英美分析哲学的始祖。维特根斯坦早期的哲学著作为《逻辑哲学论丛》(*Tractatus Logico-philosophicus*)[①],后期则为《哲学研究》(*Philosophical Investigations*)。

维特根斯坦是少数几个晚年拼命攻击自己早期作品的哲学家,他的哲

---

① 拉丁文。

学思想大致可分为早期与晚期。两个时期他所注重的哲学议题皆是人类的语言、思想与世界的关联,只不过早期与晚期的答案有了戏剧性的转变。维特根斯坦的哲学思想对后代影响深远,他早期的哲学主张直接影响了后来的奎因、戴维森(Donald Davidson, 1917—2003年)等重要哲学家;晚期的哲学主张非常接近牛津的"日常语言学派"。

但是不论哪一个时期,维根斯坦都认为哲学问题只是语言的问题。换句话说,如果我们对语言问题有一个清楚的理解,就可以解决所有的哲学问题。

(一)语言与世界有一个严谨的对应关系

让我们先从早期的维特根斯坦开始介绍。维特根斯坦早期受到弗雷格与罗素影响,认为语言作为一种工具,可以帮助我们了解世界的样貌,而且语言事实上就是思想的实体化,我们将自己对于世界的想法通过语言展现出来,因此语言与世界有了一个严谨的对应关系。维根斯坦与当时的语言哲学家大多都认为语言有逻辑结构。因此,如果语言与世界有严谨的对应关系,而语言又有逻辑结构,就表示这个世界必定也具有某种逻辑结构。

接着,根据维特根斯坦的想法,由于语言是思想的具体实现,因此语言的限制就来自于思想的限制。而思想又是我们对于世界的认知,因此思想的限制就来自于我们对于世界认知的限制。接着,思想有所限制,这表示我们对世界的认知有极限。如果有些东西我们没办法通过语言说清楚,那就表示这些东西是我们想不清楚的;如果这些东西我们想不清楚,那就表示这些东西超越了我们对于世界的认知。因此,如果哲学问题可能被我们清楚地回答,那么我们一定可以清楚地回答,但是显然,到目前为止我们并不能清楚地回答哲学问题[①]。如果我们不能清楚地回答哲学问题,那就表示我们根本不需要再花时间去寻找哲学问题的解答,因为我们不可能清楚地回答哲学问题。换句话说,维根斯坦认为如果有些东西我们有可能说清楚,我们就一定可以

---

① 到目前为止,没有一个哲学问题可以有一个大家都认同的答案。

说清楚；如果我们没办法说清楚，那就表示我们永远也不可能说清楚。既然哲学问题的答案是我们无法说清楚的，那么想办法说清楚哲学问题的答案，是没有意义的。

（二）语言的意义应视其使用目的与情境

维特根斯坦在晚期推翻了自己的想法。早先他认为语言与世界有一个对应关系，这个对应关系可以从两者之间都拥有一个严谨的逻辑结构来说明，因此语言所代表的意义，就会反映这个世界的样貌与事实。到了晚期，维特根斯坦认为语言与世界根本就没有这样的对应关系，语言的意义并非反映了这个世界的样貌；语言的意义必须取决于语言的使用者，而不是与这世界有一个固定的对应关系。

于是，维特根斯坦主张语言的意义应该从两个面向决定，一是使用语言时的**目的**，另一是使用语言时的**情境**。试想下列两个情境：（一）当小明考一百分时，小明的老师开心地跟小明说"干得好"。（二）当小明考零分时，小明的老师不屑地跟小明说"干得好"。在这两个情境下，虽然老师说的话都一样，但表达的含意却有天壤之别。第一个情境里，老师是真的觉得小明很棒；第二个情境里，老师说的话包含一种讽刺的意味。在这样的例子中，我们可以发现语言的意思并非固定不变，会随着情境的不同而有所不同。

维特根斯坦用游戏来说明这样的现象，他认为在日常生活中，语言的使用其实具有非常多的规则，不同情境下语言的使用会有不同的规则，而我们就穿梭在这些不同的规则之间，在适当情境下使用适当的规则来表达我们的意思。语言本身不会有任何意义，只有人类才能够赋予语言意义。

在这种"语言的意义在于语言的使用方式"的解读下，哲学问题对于维特根斯坦来说，就好像是一种治病的行为。我们的思想时常受到迷惑，我们常深陷不同的情境之中而不自知，哲学就是要让我们理解到这一点。同时，当我们能够厘清我们的情境之后，我们就可以为语言做出一个描述性的说明，如此一来就可以避免概念的混淆。比方说，当我们在争论"什么是正义"时,只要我们可以厘清使用"正义"这个词的目的以及情境,只要我们可以给"正义"一个清楚的描述,我们就可以解决这个哲学问题了。因此,对于维特根斯坦来说,许多问题看起来像是哲学问题,其实都只是语言问题。

> **名家逸事**
>
> 维特根斯坦是罗素的学生,被认为是不世出的哲学天才。维特根斯坦博士学位的口试委员之一是罗素。在口试过程中,维特根斯坦认为罗素根本没有读懂他的论文,竟拍了拍罗素的肩膀说:"不要急,你以后就会懂了。"

哲学爵士 波普尔

波普尔跟维特根斯坦一样,都出生于奥地利的维也纳;很巧的是,两者也都在后来归入了英国籍。波普尔在科学与哲学上的贡献是无与伦比的,主要的著作为《臆测与驳斥》(*Conjectures and Refutations*)和《开放社会及其敌人》(*Open Societies and Its Enemies*)。他所提倡的"**否证论**"对于当代科学、哲学与社会学社群产生了广大的影响,也因此使他成为有史以来第一个被英女王伊丽莎白二世册封为爵士的哲学家。

(一)逻辑实证论

二十世纪初,由于维也纳学派的兴起,逻辑实证论在当时的科学与哲学社群成为主流。逻辑实证论的核心思想在于"**可检证原则**",简单来说,就是一个语句或命题必须有可能受到经验证实,这个语句或命题才有意义。反之,如果我们不可能通过经验证实一个语句,这句话就没有认知意义。举例来说,广被认可的"上帝是全知、全善、全能的存在"这样的语句,由于我们根本没办法通过经验检验这句话是真是假,因此对于逻辑实证主义者来

卡尔

卡尔·波普尔（Karl Popper, 1902—1994 年），出生于奥地利，犹太人。世界著名科学哲学家、政治哲学家。其最著名的理论为对归纳法的批判，提出"可证伪性"的科学划界标准。在政治上，他拥护民主和自由主义，提出一系列社会批判法则，为"开放社会"奠定理论根基。

说，这句话不具有认知意义；换句话说，我们根本不应该在乎这句话。

接着，逻辑实证论者们结合了可检证原则与**归纳法**，依此画出科学理论的界线。他们认为，所有科学理论必须能够受到经验的验证，如果无法受到经验的验证，此理论就没有任何意义。接着，理论受到验证的程度愈高，这个理论就愈接近真理。比如"乌鸦是黑的"这个命题，我们通过愈多次的经验验证乌鸦是黑色的，这个命题就愈接近真理。

（二）否证论

但是，波普尔不满意上面这种说法。他同意科学理论必须能够受到经验的验证，但是不同于逻辑实证论者，波普尔认为一个可能被证实为假的理论，才能够算是真正的科学理论。之所以会有这样的想法，在于当时的时代背景对波普尔来说充斥着许多伪科学。波普尔反对当时普遍被认为是科学理论的弗洛伊德心理学，以及马克思主义所主张的唯物辩证法。许多人认为弗洛伊德的心理学是科学，而且根据逻辑实证论，弗洛伊德心理学也确实能够受到经验的验证；同样地，马克思主义的唯物辩证法也是以历史为基础，建立在过去的经验上。但波普尔认为这些都不算是科学，因为这些理论都不可能受到否证。

以弗洛伊德心理学来说，虽然有时候确实能够透过理论说明某些经验现象，但是一旦理论与经验现象不符合时，弗洛伊德总是能够再通过其他方式解释不符合的原因。换句话说，弗洛伊德的心理学永远不可能出错。类似的问题也出现在唯物辩证法、占卜、星座算命等方面，一旦经验证据与理论的预测不合，这些理论都可以透过另外的解释，说明预测之所以不符合的原因。因此，这些理论永远不可能被证明是假的。大家一定有过类似的经验，今天看了报纸上面说金牛座本日会有好运，但是如果月亮跑到某某位置（天知道月亮到底跑到哪里），会使得金牛座因此失去好运，等等。如此一来，不管金牛座的人今天到底有没有好运，星座预测都不会出错。

为了解决这样的问题，波普尔认为真正的科学理论应该有可能被证明是假的，而且有愈多被证明是假的可能性，这个科学理论就愈有价值。假设今天有两个科学理论 A 与 B，我们有五种可能证明 A 是假的，有十种可能证明 B 是假的，波普尔会认为 B 这个理论更具有价值，因为这表示 B 能够提供给我们更多的信息。比如说 A "乌鸦是黑色的鸟类"以及 B "乌鸦是黑色的鸟类，而且只有两只脚，飞行时速为每小时六十公里"，显然，理论 B 被否证的可能性比理论 A 要大[1]，但理论 B 是比较有价值的理论，因为它提供给我们较多的信息。

波普尔通过他的否证论回应休谟对于科学理论的批评。休谟认为科学

---

[1] 我们有三种方式证明理论 B 是错的，但只有一种方式证明理论 A 是错的。

理论建立在归纳法之上,而归纳法是一种无效的推论,其结论因此是无效的。波普尔认同休谟对归纳法的批评,但波普尔认为休谟搞错了一件事,休谟认为科学理论是从归纳法得出的"结论",因为归纳法无效,因此这个结论也是无效的。波普尔认为科学理论永远都只是"假设",既然是假设的,那么科学理论当然可以出错。一个出错可能性愈高的科学理论,就愈具有科学价值,而且所有的科学理论在被否证之前,都只是暂时被我们接受的假设而已,并不代表这个科学理论就是真理。

波普尔认为这样的想法才是一个真正用来刻画科学理论的方式:科学理论都是一种"假设",在没有被证明为假之前,我们暂时接受它。经验证据不可能证明一项科学理论是真的[①],只能证明一项科学理论是假的。波普尔的哲学主张,将科学哲学带入另外一个境界,深深影响了接下来诸如孔恩(Thomas Kuhn,1922—1996 年)、拉卡托斯(Imre Lakatos,1922—1974 年)等重要科学哲学家的哲学思想。

名家逸事

据说有一次波普尔受邀到英国的伦敦学院演讲,讲题是:"真的有哲学问题吗?"(Are There Philosophical Problems?)当时在座的维特根斯坦不同意波普尔的主张,竟愤怒地拿起会场的拨火棒,向着波普尔猛烈挥舞。

---

① 因为科学理论通常都是普遍性的命题,根据休谟对于归纳法的攻击,归纳法无法得出一个具有普遍性的结论,就好像验证了一百万只黑色的乌鸦,也不能够因此主张"所有的乌鸦都是黑色的"。

正义的代言人 罗尔斯

罗尔斯

约翰·罗尔斯（John Rawls，1921—2002年），美国政治哲学家、伦理学家。他是毕业于普林斯顿大学的哲学博士，曾在哈佛大学担任哲学教授，著有《正义论》《政治自由主义》《作为公平的正义：正义新论》《万民法》等作品。

罗尔斯出生于美国，毕业于普林斯顿大学，他的著作《正义论》(A Theory of Justice)使他成为当代最著名的政治哲学家。《正义论》出版的年分是一九七一年，在这本书出版后的三十到四十年，整个政治哲学界与伦理学界的讨论主题，基本上都围绕着这本书打转。甚至有人认为在《正义论》出版之后，当代的政治哲学理论都不过是这本书的脚注，由此我们可以想见罗尔斯对于哲学界的影响。

（一）何谓一个正义的社会

《正义论》这本书最大的目的，就在于论述"何谓一个正义的社会"。罗尔斯在这本书的第一章就开宗明义地指出，社会制度一定要符合正义。罗尔斯奉行自由主义，因此他认为一个正义的社会必定要能够实现自由主义所带来的价值。自由主义重视个人的独特性，重视个体的权利，并且承认多元价值观。一个正义的社会绝对不允许任何强迫他人遵奉某种价值观，以及忽略个人自主性的行为。

罗尔斯透过一系列的哲学论述，说明在哪些规则下，这个社会才会是符合正义的社会，而且我们要通过怎样的方式来获得这些规则。罗尔斯认为，理性是我们所拥有的最佳工具，它可以帮助我们获得正义的规则，建立符合正义的社会。接下来，让我们来看看罗尔斯是如何通过理性，思考正义的规则与正义的社会。

（二）原初立场

罗尔斯从一个假设的情境开始，假设我们双方在玩牌，发牌时有一张牌掉了，而且两边都看到了这张牌。这个时候，两方在什么情况下会同意重新发牌？罗尔斯认为，只有在两边都还没有看到自己手中牌的情况下，两方才有可能同意重新发牌。如果有一方看到自己拿了一手好牌，很可能就不愿意重新发牌了。而且，只有在两边都没有看到手中牌的情况下，重新发牌才会让两边都认为是公平的。因此罗尔斯认为，当我们在思考这个社会需要什么样的原则时，最好的情况就是每个人都不知道自己的手中牌；换句话说，人们都不知道自己的社会地位、性别、种族、才能、体力等。在缺乏这些信息的情况下，人们才会共同制定出对"所有人"来说最公平的规则，这种情境就是罗尔斯所谓的"**原初立场**"（original position）。

处于原初立场的人们，就好像眼前被拉上了一块布幕，失去了对于自己的理解，只知道"身为一个人"所需要的最基本东西；罗尔斯认为这个东西就是"公平"。当人们处于原初立场内，就会致力于追求一个公平的规则，因为没有人希望自己打开布幕、进入社会之后，发现自己受到不公平的对待。举例来说，现在有规则 A "火星人拥有特权"以及规则 B "大家都是平等的"出现在我面前，由于我不知道自己是不是火星人，我就会因此选择规则 B，以免我进入社会之后因为不是火星人而处于弱势。罗尔斯认为透过设想原初立场，对于一个理性的人来说，就会得出几个原则，这些原则所有人都愿意遵守。同时，由于所有人出于自身的考量愿意认同这些原则，因此这些原则会实现自由主义者最在乎的核心价值：关注个人权利。

（三）两个正义原则

罗尔斯认为我们可以从原初立场得到两个正义原则。（一）**自由原则**：每个人享有同样多以及最基本的自由权。（二）只有在下列两种情况下，我们可以允许人们有社会地位或经济上的不平等：（a）在追求社会地位及经济需求时，**人人的机会都是平等的**。（b）社会中**最弱势的族群**，必须能够**受到最多的照顾**。

让我稍微解释一下这两个原则。自由原则显然是出于罗尔斯的自由主义主张，他认为所有人都会同意我们要享有同样多的基本自由权，其他人不能任意干涉我们。但是，我们不能否认社会上必定有一些不平等之处，我们不可能强迫大家在社会地位及经济状况上都平等，否则将会落入极端主义或平均主义的后果。那么，我们在什么情况下可以容许这样的不平等呢？罗尔斯认为有两种情况，第一种就是当人们都有平等的机会去争取更高的社会地位及收入时，我们可以容许社会有这类不平等的状况发生，因为这种不平等可以靠人们的努力去消除；第二种则是这种不平等要能够使社会最弱势者获得最多的照顾，换句话说，有些人在赚很多钱的同时，要能够对社会弱势者有更多的反馈，我们才会同意人们可以有社会地位与经济的不平等。

对罗尔斯来说，如果所有人都能够通过理性，设想自己处于原初立场下，

名家逸事

罗尔斯在哈佛大学任教时，虽然口才不佳，但授课非常认真且谦逊，因此十分受学生欢迎。据说在每学期最后一堂课下课时，学生都会给予他热烈又持久的掌声。曾有学生问他掌声会持续多久，他的回答是："一直到我离教室够远且听不到为止。"

那么这些人都会同意这两个原则,因为这两个原则是对所有人来说最公平的原则。因此,这些原则是一个正义的社会必须能够实现的正义原则。自由主义最常被攻击之处,在于如果太过于顾虑个人的权利,将导致国家对个人的控制力不足,社会因此失去秩序。但是罗尔斯通过他的《正义论》,论述在符合这两种原则的情况下,这个社会不但满足自由主义者的核心价值,尊重多元思想,减少对立,同时更是一个公平且互相合作的社会。

哲学家的哲学家 奎因

奎因

奎因(Quine, 1908—2000年),美国人,具有划时代意义的哲学家,是二十世纪最重要的哲学家之一。他著有《语词和对象》《本体论的相对性》等。

奎因出生于美国俄亥俄州,第二次世界大战期间曾经在美国海军服役,退伍时官至少校。他是一位哲学家、逻辑学家及业余科学家,如果要选择谁是继维特根斯坦之后最具影响力的哲学家,对许多来人说只有奎因有资格入选。在公元两千年奎因去世以前,许多人认为奎因是当代现存最伟大的哲学家。

奎因在哲学圈最为著名的论文有两篇,分别是《经验主义的两个教条》（Two Dogmas of Empiricisim）和《语词与对象》（Word and Object）,这两篇文章奠定了奎因的哲学地位。奎因的著作逻辑结构严谨,用字精确,由于他的写作对象都是哲学家,因此他被称为是"哲学家的哲学家"。

奎因是一位经验主义者,严格谨守经验主义的核心主张:所有知识与真理必须以经验为基础。在《经验主义的两个教条》这篇文章中,奎因抨击了现行逻辑实证论中,两个非经验性的教条。

（一）没有分析语句与综合语句的区分

第一个教条在于逻辑实证论者认为语句有所谓"分析语句"和"综合语句"的区分。一个语句如果是分析语句,那么我们不需要通过经验,就可以知道这个语句的真假值,比方数学语句[1]是分析语句,同义词[2]的语句也是分析语句。一个语句如果是综合语句,我们就必须通过经验,才能判断这个语句的真假值,比如说"现任美国总统是黑人",我们没办法仅通过语词的意义判断这个语句是真是假,只能通过经验实际去验证。

奎因反对这样的区分。身为一个经验主义者,他不承认有不需要通过经验的知识存在。他认为同义词语句并非真的是分析语句,因为语词的意义是人类赋予的,而且语意是武断且不确定的。假设我们一开始对语词意义的设定是别的意思,那么原来为真的同义词语句就可能变成假的,而我们要怎么设定语词的意义仰赖于经验,因此同义词语句并非可以无视经验。此外,数学语句也不能独立于经验,因为我们在判断数学语句时,必定要处于某种数学架构之下,而数学架构并非只有一种,我们必定涉及架构选择的过程。既然我们事先选择了某种数学架构,数学语句就与经验相关。

---

[1] 例如,如果我们掌握了加法,"1+1=2"这个数学语句对我们来说,不需要实际拿东西来算就可以知道是真的。
[2] 例如,如果我们知道"罗汉脚"与"单身汉"的定义,我们就会知道"罗汉脚是单身汉"这个同义词语句是真的。

（二）没有所谓最基本的知识

逻辑实证论的第二个教条建立在第一个教条之上；对于逻辑实证论者来说，语句区分为分析语句与综合语句，同时，由于分析语句不需仰赖经验，可以通过理性与对语意的掌握来判断真假值，因此分析语句是所有知识的基础；综合语句建立在分析语句之上。这样的想法类似于笛卡尔的哲学主张：先找寻知识中最牢不可破的基础，再从这个基础延伸出去，如此一来就可以良好地说明我们所拥有的知识是真的。

奎因对逻辑实证论第二个教条的批评，可以从他的第一个批评中看出端倪。他已经在前头反对了有分析语句与综合语句的区分，因此他认为以这样的区分所建立的第二个教条，也是不可靠的。奎因反对笛卡尔式的知识架构，不认为知识建立在一个最基本的基础上。奎因的知识架构是一种整体论式的立场，他认为没有所谓"最基本的知识"，所有的知识都必须仰赖某种知识体系，我们可以用函数来理解这样的主张：我们的感官经验让我们获得关于外在世界的信息，而我们要理解这些信息，必定要诉诸某种知识架构。这个知识架构就像是一个函数，这个函数会处理我们获得的信息，然后给予我们一个"值"，这个值就是我们对世界的理解。但是，我们要选择哪一个"函数"来处理信息，是不确定也无法被决定的。如果我们无法决定"函数"，我们得出的"值"就不够稳固，当然也就不能够拿来当作最基本的知识。

（三）科学是唯一帮助我们认识世界的学科

对奎因来说，我们所仰赖的函数就是经验科学；科学是唯一可以帮助我们认识世界的学科。亚里士多德的科学观是一个函数，爱因斯坦的科学观也是一个函数，我们必定要采取某个函数，才能够理解这个世界。

要注意的是，奎因并不认为所有的科学观都一样好，他会主张爱因斯坦的科学观比亚里士多德的科学观正确，且更能够告诉我们世界的样貌。这样的差异并不是本质上的差异，而是程度上的差异。爱因斯坦的科学观比较好，不是因为他带给我们真实，只是因为他的科学观比起亚里士多德的科学观来说，让我们更接近真实。

最后，奎因认为哲学的功能就是检视科学理论。科学理论中有许多基本观念①，对科学家来说理所当然，而哲学就是要去挑战所谓的理所当然，让科学家们知道，这些预设并非如他们想象的这么简单。

---

① 包含真理、存在、必然性等科学家自然而然会接受的基本观念。

3分钟重点回顾

1. 与苏格拉底相关的论述，几乎都是他的学生柏拉图所记录，此外，柏拉图时常将自己的想法，通过苏格拉底的嘴巴说出来。

2. 柏拉图认为民主政治只会为国家带来不好的后果，我们真正应该采取的是君主专制，贤明的君王才能够治理好一个国家。

3. 亚里士多德可以被称为西方第一个系统从事研究的科学家；目的论贯穿了整个亚里士多德哲学的核心。

4. 奥古斯丁是中世纪时期最伟大的教父，其最大的贡献在于整合了整个基督教的教义，让基督教不再处于众说纷纭的困境下。

5. 阿奎纳一生最大的目标，就是将信仰与理性结合，希望创造出具有理性基础的基督教信仰。

6. 阿奎纳的五路论证是著名的上帝存在论证之一，以亚里士多德哲学为基础而衍生出来。

7. 笛卡尔被称为"近代哲学之父"，西方哲学之所以开启知识论的讨论风气，笛卡尔的哲学是最主要的原因。

8. 笛卡尔是一位理性主义者，他认为我们可以仅通过理性获得真理。

9. 洛克是经验主义者的先驱，他反对笛卡尔，并主张只有经验可以作为真理的基础。

10. 休谟反对笛卡尔对于自我的看法，认为自我不过是一堆知觉的集合，而不是像笛卡尔所说，我们可以通过理性论证纯粹自我的存在。

11. 休谟对归纳法提出质疑，认为归纳法没办法得出具普遍性的结论，因为我们从来没有经验过所有的东西。

12. 康德被认为是调和理性主义与经验主义的大家。他认为理性所能认知到的只是形式，没有内容；只有经验可以产生内容。

13. 黑格尔将康德的观念论发展到极致，认为世界本身就是观察主体，黑格尔称之为"世界精神"；其辩证法是世界精神的思维方式。

14. 罗素被认为是英美分析哲学的创始者之一，开创了西方哲学中语言分析的研究取向。他通过逻辑解决当时语言哲学中著名的"空词难题"。

15. 维特根斯坦同样被认为是分析哲学的创始者，他的哲学主张在晚期较早期有巨大改变。他早期认为哲学问题都只是语言问题；一旦语言问题可以解决，就不存在哲学问题。

16. 波普尔是著名的科学哲学家，他不满意逻辑实证论者对于科学与伪科学的界限划分，于是提出"否证论"来取代，主张科学理论必须具备"可否证性"，无法被否证的理论不能算是科学理论。

17. 罗尔斯是二十世纪最具影响力的政治哲学家，他的《正义论》主张"正义即公平"，诉诸"原初立场"来推论出两个正义原则。

18. 奎因曾被称为"哲学家的哲学家"，因为他的著作用字严谨精确，写作的对象以哲学家为主。

19. 奎因在他著名的文章《经验主义的两个教条》中，反对经验主义者认同"分析语句"和"综合语句"的区分，以及这种区分下所产生的知识基础。

Day 3
哲学语录

我唯一知道的事,就是我什么都不知道。——苏格拉底

人是为了吃喝才活着,好人是为了活着才吃喝。——苏格拉底

哲学家才是最适合当国王的人。——柏拉图

人只能仰赖信仰获得救赎,而理性是为了信仰服务。——奥古斯丁

手如果不推动棍子,棍子就无法推动其他东西。——阿奎纳

我思故我在。——笛卡尔

拥有一个好的心灵是不够的,重要的是能够善用它。——笛卡尔

心灵是一张白纸,我们只能透过经验来上色。——洛克

德性比知识还要难获得。——洛克

自我只不过是一堆知觉的组成而已。——休谟

先验知识是经验知识的先决条件。——康德

凡是存在的皆是理性的,凡是理性的皆是存在的。——黑格尔

逻辑是概念分析最重要的工具。——罗素

哲学问题只不过是语言的问题罢了。——维特根斯坦

所谓的科学理论,就是有可能被否证的理论。——波普尔

哲学就是科学的延续。——奎因

正义原则的选择应该在无知之幕之后完成。——罗尔斯

DAY 4
第四章　哲学的学科分支

作为一门关于思考的学问，哲学的影响力广泛且多元。我们时常可以从各种不同的学问中看到哲学的影子。为了破除哲学是一种"空谈""玄学"且"无用"的刻板印象，我们从具体的学问出发，看看哲学家如何谈论这些问题，并丰富这些学问的内涵，从而开启一个新的学科领域。

哲学与其他学科激荡出了哪些花?
——哲学的分支

先前我们讨论过,哲学是一门关于"思考"的学问。既然是一门关于思考的学问,势必拥有许多向外延伸的发展性,因为任何一门学问都无法忽视"思考"的重要性。哲学研究发展至今,其触手伸入社会中许多不同的学科及领域,我们甚至可以说,许多学科之所以能够产生,或者在往后的日子得到更深远的发展与影响,哲学研究功不可没。本章我们将介绍哲学研究如何影响其他学科的发展走向,以及我们如何通过哲学方法,认识在这些学科领域中我们所面临的问题。

政治哲学

哲学家其实可以非常入世,而政治哲学正是哲学家入世的代表。"政治"涉及公众之事,既然跟公众有关,所有人当然都有一定程度的发言权,也因此,政治生活遍布在我们的日常生活中,影响着许多人,也被许多人影响着。

政治哲学研究的问题,不同于一般人对于"政治"两个字的理解。现代基于各种人性与权力之间的角力,使得许多人认为政治是一池浑水,少碰为妙。同样地,对许多人来说,政治生活充满了各种斗争与权谋,政治参与者很少有人可以全身而退,更多的是一起沉沦于政治泥淖。但是哲学家讨论的政治哲学却不是这一类的问题,哲学家将政治拉到哲学层面时,许多讨论涉及的是"**正当性**"[①],或者说"**合理性**"。为什么我们要接受国家的统治?我

---

① 一项行为符合某些规则,则具有正当性。此规则可能是法律或道德等。

们应该用什么方式决定国家的未来？国家可以如何影响我们的财产？接下来就让我们通过这几个政治哲学议题，认识一下哲学家如何研究政治。

（一）国家统治的正当性

世界上被联合国承认的国家大约有两百个，这两百个国家的领导人大都宣称自己是合法政府，拥有主权，也拥有统治国家人民的权利。我们可能都曾思考一些问题，比如："为什么国家可以合法统治我们？""为什么我们的行为要受到国家的约束？"当我们思考这些问题时，我们真正想问的是："国家的正当性来源为何？"这个问题可能还是有点难理解，如果用更一般的语气询问，我们想问的是："是什么原因，让国家统治人民的行为具有正当性？"

举例来说，当我们在学校念书时，学校老师可能会要求我们服从某些指令。老师会要求我们准时交作业、期末考试、打扫卫生等等，而多数人会服从老师的指示，认为那些确实是我们该做的事。但是，如果今天随便换一个路人，从校外跑进来，站在讲台上要求我们这么做，大概很少人会认为我们应该服从这个路人的指示。为什么第一种情况我们认为应该服从，而第二种情况我们不这么认为呢？显然，两种情况有一些差异，就是这种差异使我们产生不同的想法。这种差异就是"正当性的有无"。

在第一种情况下，我们会认为老师的指令具有正当性，因此我们应该服从；在第二种情况下，我们不认为路人的指令具有正当性，因此我们可以拒绝服从。如此一来，我们大概可以得出一个结论：正当性的有无，对于我们是否该服从一个主体来说十分重要。除非一个指示或命令具有正当性，否则看起来似乎没有服从此指示或命令的义务。那么，回到一开始的问题，如果有人主张我们有服从国家的义务，这些人就必须能够说明国家具有正当性。

❋ 国家正当性来源的可能情况

在中世纪政教合一时期，当时的学者认为国家的正当性来自上帝的授予。由于所有人都是上帝的子民，因此上帝具有统治人民的正当性，人民有义务服从上帝的管理。这就好像我们通常会认为父母具有管教我们的正当性，我们也因此有义务服从父母一样。由于国王是上帝的使者，上帝将统治人民的权利交给国王，如此一来，国王也就拥有统治人民的正当性。国王拥有了统治人民的正当性之后，这个国家也因此具有正当性。但是，这样的想法很难说服所有人，尤其在文艺复兴之后，宗教对国家的影响力愈来愈小，人们渐渐无法满意这种说法。于是，哲学家试图通过其他方式说明国家的正当性。不难想象，当群众力量愈来愈大时，哲学家将脑筋动到了人民头上。换句话说，有些哲学家主张国家的正当性，其实就是从国民身上而来。

❋ 国家正当性来自于国民：契约论

在说明这种主张之前，我们必须先回答一个比较务实的问题：为什么我们需要国家？为了回答这个问题，要设想在没有国家的情况下，我们会面临什么困难，然后说明基于这些困难，人们需要国家。这种假设没有国家的状态，被哲学家称为"自然状态"（state of nature）。英国政治哲学家霍布斯认为，在自然状态下，人们互相处于敌对状态，如此一来，人与人之间的相处没有所谓的和平，永远都是弱肉强食的战争状态。但是，人跟动物不一样的地方，在于人们会思考怎样对自己最有利。自然状态使所有人处在一样危险的情境下，这种生活方式十分不稳定，因此，假使大家都愿意放弃自己的一部分自由与武力，将这份自由与武力交由一个公正的第三者掌控，以此换取平稳的生活，解除人际之间的互相争斗与猜忌，这才是对所有人最有利的选项。因此，我们需要国家。

通过这种论述，国家权利的来源是人民，因此国家具有统治人民的正当性。这种说明国家正当性的说法被称为**"契约论"**，因为这种情况就好像人民与国家签了契约一样，国家负责保护人民的生命财产，人民则将部分的自由与武力交给国家。由于彼此之间有义务遵守契约的内容，人民因此有义务服从国家的统治。

（二）政治体制的正当性

确立了国家的正当性之后，并不代表问题就结束了，我们接着将面对下一个问题：我们应该采取哪种政治体制？哪种政治体制才具有正当性？对我们来说，大概可以说出下列两种政治体制[①]：**君主专制**与**民主政治**。那么，究竟哪种体制才是我们应该采取的制度呢？

或许对许多人来说，这个问题很轻易就可以回答，因为君主专制看起来似乎不那么具有吸引力。顾名思义，君主专制的核心概念，就是主张有个集所有大权于一身的君王，这个君王通过自己的判断，决定国家的方向及未来。在历史上，我们时常可以看到君主专制带来的不良后果，残暴昏庸的君王导致整个国家的衰亡，等等。但是，这种制度真的如许多人认为的那样不值得采取吗？事实上，对某些哲学家来说，君主专制反而是一种真正值得我们采用的制度。

❋ 柏拉图

历史上支持君主专制最有名的哲学家，大概非柏拉图莫属。在先前的章节里，我们稍微提过柏拉图如何在他的著作《理想国》中提倡君主专制，反对民主制度。柏拉图批判民主政治的地方，在于"民主政治无法确保我们选出具有专业技能的统治者"。他提出一个例子：当我们受伤时，我们会去找医生帮我们治疗伤口，而不是去找一大群人，请他们表决应该怎么治疗伤口。他将政治比喻为一种技艺，国家的健康就跟我们的健康一样重要，所以管理国家的人必须具备专业的技能，而民主政治无法选出具有这些技能的人。对柏拉图来说，真正能够使人们获得最大利益的是那些拥有贤明君王的国家，而非那些将未来交付给人民去判断的国家。

有些人可能会疑惑，为什么民主政治无法选出具有这些技能的人呢？民主政治的核心思想不就是"以民为主，选贤举能"吗？要回答这个问题，我们可以从"**投票**"这项行为所代表的意涵来思考。

对许多支持民主政治的人来说，"投票"的目的就是选出贤能的人来治理人民，但是要达到这个目的，必须预设大众能够判断谁是贤能的人，或者

[①] 共产主义与社会主义严格说来应该算是"经济制度"，而非"政治制度"，因此在这里没有将这两种列入。

至少大多数的人能够判断谁是贤能的人，否则贤能的人就无法胜出。然而，第一，判断贤能的人**需要有足够的判断力**，对柏拉图来说，这种判断力不是人人都有的，必须受过一定的训练才能够拥有。第二，就算人们有这样的能力，也不代表人们都以此为目的投票。人们在投票时可能出于两种动机，一是**选择贤能的人**，二是**选择对自己有利的人**。如果我们不能保证人们是以第一种动机来投票，我们就不能保证人们投票是为了选择贤能的人。如果人们选出来的不是贤能的人，俗话说得好，"错误的政策最是要命"，这样的后果会非常危险。

❋ 德沃金

民主政治是否因此被打败了呢？不一定。刚刚在说明君主专制的优点时，大部分是以公众的利益为出发点，也就是说，君主专制在遇到贤明君王时，或许是种可以使大众获得最大利益的制度。然而对于许多人来说，民主政治的价值或许不在于公众的利益，而在于实现"平等与自由"。民主政治或许无法让我们获得最大利益，却在最大程度上保障了人民的基本权利，这些才是民主政治的价值所在。

美国哲学家德沃金（Ronald Dworkin, 1931—2013 年）认为，我们大家在政治上都属于伙伴，如果我们提出的决策所造成的后果不符合公益，那么在改进决策的同时，我们也必须一同承受这样的后果，因为我们是同一条船上的伙伴。而且，不管哪种政治体制，都要能够尽可能地达到一个平稳的社会。在决策错误造成人民失去利益的情况下，民主政治会比君主专制更平稳，因为前者由人民决定政策，人民会心甘情愿地负责；后者人民无法决定政策，便会将责任怪罪到君王头上，造成社会不稳定。

不论是君主专制还是民主政治，或许都无法轻易地击败对方，而这也正是哲学家觉得有趣的地方。通过彼此更深一层的挖掘，我们或许又可以从某种观点中，看到某些立场的一线曙光。

（三）财富分配的正当性

如何分配财富，一直是一个政府面临的问题。政府可以通过改变税制来重新分配财富，但怎么样的税制才具有正当性呢？许多人直觉地认为，只有在能够公平分配财富的情况下，财富的分配才具有正当性。但是，怎样才算是"公平分配"呢？不同的理解可能产生南辕北辙的赋税制度。

✹ 马克思

对于马克思来说，公平就是"各尽所能，各取所需"。但由于每个人的天赋不同，会造成工作能力的差异，这也是不公平的。因此，最公平的方法就是人人都可以努力工作，然后获得自己所需的财富。马克思认为在资本主义国家中，资本家只需付出资金，就可以从获益中拿走大部分财富，而底下的劳工付出最多的劳力，却只能拿走小部分财富，这样的后果是不公平的，不符合"得所应得"的原则，因此国家应该介入，重新分配这些获益。

✹ 资本主义支持者

然而，对于资本主义的支持者来说，"公平"应该是政府什么都不要管[1]，让人们凭着自己的本事赚钱，有本事的人可以通过少许劳力赚到大笔金钱，没本事的人只能通过许多劳力赚到少许金钱。虽然后果可能会造成贫富差距愈来愈大、付出的劳力与收获不成正比，但是让人们凭借着各自的努力与才智获得财富，这样才是最公平的财富分配方式。如果采取马克思主义的立场，可能反而造成生产力下降，人们缺乏努力工作的动机，从而造成经济萧条。

✹ 后果的公平与起头的公平

从上述论述中，我们可以看出马克思采取的是"后果的公平"，而资本主义支持者采取的是"起头的公平"。哪种才是最好的财富分配方式呢？罗尔斯透过他的《正义论》一书，为这两种立场提供了一个互相协调的方案。

---

[1] 当然，政府还是应该禁止人们透过不正当手段获得财富，这里的不要管是指不介入市场机制，以及不通过赋税制度改变财富分配的状况。

罗尔斯认为,我们应该尽量避免让财富分配的方式受到人们天赋的影响,却也不能够要求人们只能得其所需,因此,他给出两个原则,认为财富的分配必须符合这两个原则才符合公平,也才具有正当性。他的想法很简单,政府要能够尽量让人们通过自己的努力来获得财富,而且,只有在社会底层能够获得最多利益的情况下,我们才能够容许人们的财富分配不平均。

罗尔斯的主张看起来似乎很有帮助,但实际贯彻起来是否能够达到他的目标,就必须视当时的社会政治环境,以及人民对于财富分配的看法而定了[①]。

心灵哲学

在我们生活的世界中,科学时常被用来解释许多现象,上至宇宙起源,下至微生物活动,都是科学研究的议题。许多东西一开始让人觉得神秘,但是通过科学层层抽丝剥茧之后,最终得到了令人满意的答案,神秘的面纱也因此掀开。可是,对许多人来说,世界上最神秘的东西,莫过于人类的心灵了。

心灵是个怎样的东西?这个问题一直都是哲学家的大哉问,从来没有人可以给出令人满意的答案。早期心灵哲学只能透过心灵现象研究什么是心灵,到了近代,开始引入心理学研究、脑神经科学研究。这些新的研究资源到目前为止,虽然帮助心灵哲学前进了很长一段路,却也衍生出更多新的问题。到底心灵与世界的关系是什么?心灵是否会决定我是谁呢?又或者,我们能否了解他人的心灵?接下来让我们透过这几个心灵哲学的主题,看看哲学家在研究人类的心灵时,讨论了哪些事情。

(一)心物问题

心物问题探讨的是心理世界与物理世界的关联。我们时常会有类似的

[①] 如果人民普遍不同意某种分配方式,尽管那种分配方式可能比较公平,也容易因此造成社会的不稳定,而偏离此政策的初衷。

经验：口渴了想要喝水时，会拿起桌上的水壶；晚餐想要汉堡时，会拿起桌上的钥匙往快餐店出发；想要洗澡时，会开始准备换洗衣物。以上种种是日常生活中常见的例子，它们有一个共同的特性，就是我们的行为都受到我们想法的影响。换句话说，我们的心理状态会影响我们的物理状态①。那么，心理状态与物理状态之间，到底有什么关系呢？

❄ 心物二元论

有些哲学家认为，这个世界是由两种东西所构成，一种是**物质性的实体**，比如我们的身体、大脑、窗外的树、天上的云等等；另外一种是**非物质性的实体**，比如我们的心灵。这样的想法在哲学上被称为"**实体二元论**"（substance dualism），许多人也会把这样的想法称为"**心物二元论**"（mind-body dualism）。这些哲学家认为，我们可以从经验中发现心灵与身体是完全不同的两样东西，身体可以占据时间与空间，但心灵不行。我可以说我的手距离地面几公分，却无法说我的思考距离地面几公分，显然，我们的身体与心灵很不一样。既然我们的身体与心灵不一样，而我们又明显地承认身体与心灵都存在，那么，我们最好说身体与心灵是两种不同的实体，两者共同组成了一个人。

心物二元论的主张说服了许多人，但是问题可能不会这么轻易就解决了。想想我们一开始提到的例子，渴了想喝水、饿了想吃东西等，这些例子告诉我们心灵会影响身体。但是，如果心灵是一种非物质性实体，必定不占据时间与空间，那么，这种不占据时间与空间的东西，到底要怎么影响占据时间与空间的物体呢？另一个问题是：仅因心灵与身体有所差别，就主张两者是不同的实体，是否有过度推论②之嫌？举例来说，有些人可能不知道蜘蛛人就是彼得·帕克，对这些人来说，蜘蛛人与彼得·帕克有很大的差别。但是，这不会使得蜘蛛人与彼得·帕克变成两个不同的东西。同样地，我们认为心灵与身体有别，有可能只是因为我们的知识不够丰富，无法清楚窥视两者的全貌，因此导致我们误会罢了。

---

① 我们的生理状态与行为等通称为物理状态，因为我们可以通过物理定律与科学说明这些现象。
② 仅通过不充分的证据做出的推论。

行为主义

为了解决上述困难,有些人放弃心物二元论,转而走向"行为主义"(behaviorism)的立场。这些人认为二元论[1]最大的困难,就是将世界切割成心理世界与物理世界,却又无法说出两者之间的关联。那么,最简单的解决方式就是不要区分这两种世界,仅承认物理世界的存在。他们接着说明,所谓的心灵现象,其实可以用物理现象解释,也就是通过我们的行为解释。我们所有的心灵现象都会产生相对应的行为,比如说,当我们感觉到疼痛时,意思其实是我们可能会叫出声音,或者缩起身体,或者皱眉头等。这种方式也可以合理地说明开头的例子,当我们口渴时,意思就是我们会去喝水;当我们肚子饿时,我们就会去吃东西。对这些行为主义者来说,所有的心灵现象都可以用类似的方式去说明,如此我们就不需再切出一个心理世界来自找麻烦了,心灵就是我们的行为。

这样的主张真的解决了心物问题吗?或许这样的想法可以避免创造一个心理世界,却衍生出了更多问题。我们的心智常有一个特色,就是拥有**感质**(qualia)。什么是感质呢?想象一下,当我们感受到疼痛、看到一幅画、听到一首歌时,我们通常会有"某种特别的感觉",这种感觉会冲击我们的感官,是一种栩栩如生的感觉。行为主义者没办法说明这种心理特征,因为这种心理特征跟行为无关,是一种内在于我们心里的感受能力。再者,行为主义怎么可能用行为说明所有的心理现象呢?毕竟我们都知道,不同的人对于同样的心理特征,可能会有不同的反应。有些人一遇到疼痛就大哭,也有些人遇到疼痛就大笑;有些人逃避疼痛,有些人却追求疼痛。

物理主义

行为主义看起来也不是很有说服力。那么,有没有其他选项呢?有的。在科学愈来愈发达的现在,有一派哲学家认为,我们的大脑可以良好地解

---

[1] 心物二元论的简称。

释所有心理现象。这些人认为，我们的心理状态其实可以被大脑说明，比方说，当我感觉到疼痛，其实是大脑某区块的神经产生活动，开心、口渴、肚子饿等全都可以用类似的方式去说明，这一类想法被称为"**物理主义**"（Physicalism）。物理主义者认为所有心理状态都可以用大脑状态来说明，心灵其实就是大脑的一部分。这项主张对现在许多哲学家来说非常具有说服力，许多脑神经科学研究都显示，大脑对于人类心灵的影响程度无比巨大，许多精神疾病与心理现象，都可以透过大脑的异常与活动加以说明。

功能主义

在心物问题的研究中，还有另一个主张同样拥有许多支持者，就是所谓的"**功能主义**"（Functionalism）。这个主张的支持者认为，心灵不是一种行为，也不等同于大脑；心灵其实是一种功能。当我们受伤时会感到疼痛，心灵正是扮演一种"疼痛侦测"的功能；有了这个功能，我们才可以对事件有适当的反应。人工智能的想法就是从这个主张发展出来，如果心灵只是一种功能，那么只要技术许可，我们就能做出拥有类似人类心灵功能的机器人。比方说，沟通需要心灵，假设我们可以做出能够与人类沟通的东西，那么这个东西就会具有心灵。正是在这种企图让人类与机器互相沟通的想法下，"计算机"这项产品才能蓬勃发展。

以上讨论了许多种主张，这些主张到目前为止都没有一个决定性的证据，可以使某一方胜出。物理主义与功能主义可以算是现在哲学界的主流，各自拥有广大支持者，要能够真正决出胜负，恐怕还需等上好一阵子。

（二）同一性问题

在日常生活中，我们时常需要去辨识一个人。我们会辨识我们的父母、兄弟姊妹、老师、朋友。我们会认为那个小时候常跟在我身边的弟弟，与那个长大以后不跟在我身边、却会叫我哥哥的人是同一个人。我们也会认为念中学时，站在讲台前面中气十足的老师，与同学会上那个白发苍苍、和蔼可亲的老师是同一个人。当我们在存钱时，我们会认为未来能够使用这些钱的那个人是自己。当法官在判案时，法官会认为眼前这名歹徒就是当初犯下强盗罪的那个人。上述种种例子都告诉我们，辨识一个人的身份在日常生活中有多普遍。法官不能够抓另一个人来判刑，我们也不愿意存钱给另一个人使用，因此是否为同一个人十分重要。

从上述这些例子，我们大概可以对同一性问题的认识有个轮廓。更精确一点来说，同一性问题想讨论的是："前一个时间点的 A 与下一个时间点的 B，在满足哪些条件的的情况下，才算是同一个人？"

❋ 两种同一性概念

要回答这个问题，我们得进行一些行前准备。首先，我们要区分"同一个"是什么意思。在哲学上，"同一性"有两种情况，第一种是"**性质上的同一性**"。举例来说，我有两支一模一样的笔，这两支笔有一样的颜色、外表与水量，那么我会说"两支是一样的笔"，因为它们有一样的性质。第二种情况是"**数量上的同一性**"。比方说，昨天我跟小明借一支笔，今天我跟小美借一支笔，这两支笔长得一模一样，询问之后我发现，今天跟小美借的这支笔，就是昨天小明借我的那一支。这时候我也会说"两支是一样的笔"，因为昨天与今天的笔是同一支，在数量上是同一个。做好了这种概念上的区分之后，对于我们的问题就更清楚了。当我们在判断是否为同一人时，我们在乎的是第二种情况，而非第一种。

❋ 心理判准、物理判准与灵魂判准

在同一性的讨论中，如何判断是否为同一个人的判准，主要有三种。第一种可以称之为"**心理判准**"。心理判准的支持者认为，要判断一个人经过时间的流逝之后还是不是同一个人，要看两者之间是否具有心理上的连接。举例来说，如果两个人拥有同样的记忆、个性、嗜好，而且没有其他人拥有一样的这些心理特征，那么这两个人就是同一个人。第二种是"**物理判准**"。物理判准主张，要判断一个人经过时间的流逝之后还是不是同一个人，要看两者之间是否具有身体上的连接。举例来说，如果两个人拥有一样的身体、

大脑，而且没有其他人拥有同样的这些身体特征，那么这两个人就是同一个人。第三种是"**灵魂判准**"。顾名思义，灵魂判准主张拥有同样的灵魂，就代表是同一个人。

在哲学史上，三种主张各自拥有广大的支持者，也各自面临必须面对的困难。心理判准认为要有心理特征的连接才算是同一个人，但对于许多人而言，失去记忆不会因此使一个人丧失同一性。比如说，小明在生日前一天出了车祸，撞到脑部，因此失去过去的记忆，我们通常不会认为小明在失忆后就换了一个人，不再是原来那一个。这就好像我们不会认为酒醉驾车的人在出车祸之后失去记忆，便可以因此不用面对法律制裁，可见心理判准尚有需要解决的地方。

物理判准认为要有身体上的连接才算是同一个人，但显然我们所有人都和小时候不一样，不论身体还是大脑都有很大的差别。更有甚者，一旦技术足够发达，我们身上的许多器官都可置换成人造器官，更会减损我们与先前自我的身体连接。同样地，我们也不会因此认为经过这些事件之后，我就不再是我。我们不会因为老王换了身体大多数的器官，就认为老王已经不是原来那个人了。

那么灵魂判准呢？灵魂判准最大的困难，在于要能够先说明灵魂是什么，接着要能够证明灵魂的存在，以及灵魂如何存在。然而这些问题都是目前科学难以解释与说明的地方，甚至几乎没有人可以清楚地说出灵魂到底是什么。

（三）他心问题

他心问题是一个在理解上相对单纯的问题，这个问题要问的是："我们如何知道其他个体具有心灵？"关于他心问题的例子，我们可以从庄子有名的"濠梁之辩"故事中加以理解。

这个故事是说，庄子与惠施在水边看着水里的鱼游泳，庄子对惠施说："鱼很快乐地在游泳。"惠施反问庄子："你又不是鱼，怎么知道鱼很快乐？"庄子于是也反问："你又不是我，怎么知道我不知道鱼很快乐？"在经验上，我们看起来似乎没有办法知道别人的心灵，毕竟现实生活不像科幻电影，人们没有读取他人心思的能力。

有些哲学家认为，虽然我们没办法读取他人的心思，但我们可以通过其他方式知道他人拥有什么心思。如果这样的方式可行，我们就可以知道他人拥有心灵了。举例来说，我们在介绍心物问题时，曾提及物理主义者认为心理状态其实就是大脑状态，我们的心灵现象与大脑状态有某种对应关系。因此，如果我们可以透过某些仪器侦测到某个个体的大脑状态，就可以判断这个个体的心思，也可以因此推论出这个个体具有心灵了。行为主义与功能主义也可以通过类似方式解决他心问题，比方我们可以通过他人的行为或与他人沟通，来理解对方的心思。某个人脸上如果笑逐颜开，就表示此人很开心；既然拥有开心的情绪，当然就拥有心灵。

这些说法都可以为他心问题提供一个可能的解释，但也都有一个共通的特性，就是我们都是从自己出发，透过上述方式推测对方拥有心灵。可是推测并非证明，不具备有效性。这种推测方式就好像是在说，假设我的肚脐是凸的，而我身在一个所有人永远穿着衣服的社会里，我推测所有人的肚脐都是凸的。因此，当我们没有办法通过经验确认他人的心思时，我们就不能说我们的推测是一种"证明"他人拥有心思的方法。所以，对许多人来说，他心问题是一个经验上永远无法被确认的问题。

宗教哲学

事实上，宗教哲学对于许多人来说，无疑是最有趣的哲学领域之一，从古至今一直有许多著名的哲学家投入其中。对宗教哲学有兴趣的哲学家，未必就是有神论者[1]。当然，有神论者会因为自己的立场，而对宗教哲学有浓厚的兴趣，他们会捍卫自己的信仰，为自己的信仰寻求具有说服力的基础。但是，对于许多无神论者而言，尽管他们不信神，挑战这些有神论者的论证，

---

[1] 主张"神"（超越人类的物体）是真实存在的。

反而是更有意思的事情。如果有神论者试图透过理性建立起信仰的基础，那么对许多无神论者来说，其目标就是透过理性拆除这些信仰的基础。

宗教哲学讨论的议题往往围绕着神的议题在打转。神的形象有很多种，东方与西方也对"神"有诸多不同的描述。宗教哲学与神学有许多相似的地方，如果真要做出区分，大概就是神学预设其所辩护的立场是真的，宗教哲学则是站在理解与检视的角度看待这些论述。宗教哲学并不预设立场，在讨论的起点通常会抱持开放的态度。宗教哲学想要探讨的是：如果这些对神的描述是真实的，会发生什么事情？又或者：这些对神的描述是否可能是正确的？本身是否有不合理的地方？接下来，我将以西方的宗教[①]为讨论主轴，探索宗教哲学中的几个议题。

（一）神存在吗

在宗教哲学的研究中，最经典也最令人好奇的问题，大概就是关于神是否存在的问题。神的存在与否总是困扰着许多人，要说神不存在，世界上好像时常可以看到所谓的"神迹"及"对神的真实体验"这类现象；要说神存在，又好像总是缺乏决定性的证据，许多神迹与超感应在某种程度上，都可以通过科学加以说明。那么，这个问题想必是古往今来最热门的问题之一了。

❄ 何谓"神"

通常要讨论一个东西是否存在，最先要做的事就是先清楚了解所要讨论的东西是什么。因此，要讨论神是否存在，我们要先对"神"有一个清楚明白的定义。通常，要为一个东西下定义是十分不容易的事，还好我们所要讨论的"神"，在基督教的传统脉络下，已经有了一个普遍且广泛被认可的定义，也就是拥有三项最高的性质：**全知、全能、全善。**

"全知"指的是神知道所有的事情，没有人、事、物可以逃出神的掌控。

[①] 这里将会以基督教为主。基督教是对西方影响最广泛也最深刻的宗教，宗教哲学的讨论也大多以基督教作为讨论的脉络。

而且，神不但对过去的事具有完整的掌控，未来将发生的事也全在神的掌控之中。"全能"意味着神无所不能，可以心想事成，达成所有神想要做的事情。神可以在一瞬间摧毁整个宇宙，也可以在下一个瞬间让宇宙恢复成原来的样子。最后，神是"全善"的，处于善的最顶端，拥有最广泛的慈爱。神了解善的最高境界是什么，可以做出最具有善行的行为，甚至，神本身就是善的代表。

❋ 证明神不存在

接着，回到我们一开始的问题：神是否存在？针对这个问题，可以从两个方向来思考，一个是**证明神不存在**，另外一个是**证明神存在**。让我们先从证明神不存在的方向着手。有些哲学家将论证的目标放在神的"全能"这项性质上，认为不可能有任何物体可以具有这个特质。他们的论证很简单，只需要问一个问题："神是否能创造出一颗自己搬不起来的石头？"如果神可以创造出这样一颗石头，由于神没办法将这颗石头搬起来，因此神不是全能的；反之，如果神无法创造出这颗石头，那么神也不是全能的。换句话说，如果神是全能的，由于全能是一种不可能存在的性质，所以神不可能存在。

这样的说法是否真的证明了神不存在呢？似乎没有这么容易。一个常见的回应是：这些人对神的要求太荒谬了，神的全能不是指这种完全无视逻辑的全能。许多有神论者同意神无法做到逻辑上不可能的事，然而逻辑上不可能的事不可能存在，这种事根本没有任何意义，因此神无法做到这些事情，不代表神的能力受到限制。另外一种回应是：神确实可以做到这些事情，而且依然是全能的，因为神可以超越逻辑，但是由于我们无法超越逻辑，所以我们无法理解神如何处理这个问题，也才会以为神办不到。

另外一个证明神不存在的论证，将目标放在神的"全善"这项性质上面。反对者认为世界上充满着恶，不论天灾还是人祸。灾难与罪恶总是充斥在世界的各个角落，如果神是全善的，怎么还会让这些恶的事情发生呢？由此可知，如果神是全善的，那么神必定不存在。

面对这样的挑战,中世纪的教父奥古斯丁曾经给予一个回应①。奥古斯丁认为恶不存在,那些我们以为是恶的现象,其实只是善的缺乏。因此,神并没有允许恶的发生。另外一个常见的回应是神没有阻止恶的发生,是为了让人民学习善的重要,因此,神还是充满善心的。

❄ 证明神存在

接着让我们看看证明神存在的论证。历史上证明神存在的论证,最有名的大概就是安瑟尔谟的本体论论证。这个论证从"神是完美的"这个前提出发,接着说明"存在比不存在还要完美",最后证明"神存在"②。

本体论论证有道理吗?首先,如果完美的东西必定存在,我们似乎可以说"完美的恶魔存在""完美的独角兽存在"等等,只要我们在这些东西前面挂上"完美"两字,就可以证明所有东西都存在!这看起来是个荒谬的结果。接着,如果完美的东西必定存在,"神是完美的"这个前提就已经预设了"神存在",这样的推论方式在逻辑上称为"**丐题**"③(begging the question),是一种逻辑谬误。

另外一个有名的论证是"**巴斯卡的赌注**"(Pascal's Wager),由巴斯卡(Blaise Pascal, 1623—1662 年)所提出。他从另外一种角度切入,认为我们不可能有证据证明神存在,但我们还是应该相信神存在,他的理由是这样的:如果神不存在,而且我们相信神存在,这对我们来说没有差别;反之,如果神存在,而我们相信神存在,那么神就会特别关照那些相信他的人。因此,不管神存在还是不存在,相信神存在都是比较好的。这种说法十分聪明,也说服了许多人。但是,我们真的应该因此相信神存在吗?首先,巴斯卡在他的论证中预设了"神会特别关照相信他的人",我们也可以设想,神可能会

---

① 前面"奥古斯丁"一节里有更多的说明。
② 这里给出的是简化后的版本,另见第二章"经院哲学"一节。
③ 丐题的意思是指,我们想要推论出的结论已经藏在前提中了,是一种推论谬误。比方说,我想要证明"猴子是哺乳类动物",却把"猴子是哺乳类动物"直接放在前提,然后得出这个结论,这样是不好的推论。

讨厌那些出于上述动机而相信他的人啊！再者，巴斯卡根本没有说我们应该相信哪一个神，不同宗教有不同的神，我们应该选哪一个呢？这个问题很重要，因为选错了可能会直接下地狱呢！

我无法在这里给出所有的讨论，只能就几个经典与著名的论证，给出一些简短的介绍与评论。至于上述的论述有无道理，就留给您好好去思考与判断了！

（二）神与自由意志

大多数人大概都认为我们天生就具有自由意志。我们会认为当我们生存在世界上，遇到许多需要选择的情况时，我们确实可以仰赖我们的意志，选择想要的那个选项。比方说，搭飞机时，空姐询问我想要喝咖啡还是果汁，我可以自由地选择想要的饮料。当我去快餐厅消费时，我可以选择吃汉堡还是鸡块当作午餐。当我去电影院时，我可以选择想要看的电影。日常生活中充满了需要做选择的时候，而我们通常都能够自由地选择想要的东西。自由意志就是这么一种看起来理所当然的东西，以致我们很难想象没有这个东西。

自由意志的重要性还不仅只于此。拥有自由意志的后果，就是我们必须为选择负责，因为这些选项是"我们"选的，乃是出于我们的意志。因此，一旦我选择看某部电影，我就不能看完之后因为电影不好看而反悔，要求售票员把钱退还给我。一旦我选择了为了钱而去为非作歹，我就应该为自己的行为负责，面对法律的制裁。

❄ 神的存在剥夺人的自由意志？

但是，神的存在似乎会剥夺人们的自由意志？让我们回想一下神的特质，神是全知的！全知的意思是神无所不知，不论过去还是未来，都在神的掌控之中。这似乎代表神将会知道所有我的选择，当我去快餐厅时，神可以知道我将会选择哪一项食物；当我去电影院时，神也知道我会看哪一部电影。如果神知道我的选择，不就代表我的选项在我选择之前已经被决定好了吗？如果我的选择事先已被决定好，我怎么可能自由地选择想要的选项呢？如果我无法自由选择我想要的选项，不就代表我根本没有自由意志！我们知道，没有自由意志的后果是难以想象的，我们可能再也不需要为我们的选择负责任，因为那些不是出于我的意愿，而是早已被决定好的选项。

事情看起来似乎变得非常麻烦，神的存在真的会剥夺我们的自由意志吗？其实这些人搞错了，神的存在并不会真的剥夺我们的自由意志。神的存在与自由意志的存在，两者并不冲突。我们可以设想下面这个例子：神能够知道过去与未来的事情，就好像神有一台可以随时回到过去与未来的时光机，这个时光机可以将神带到某个特定的时间点，然后让神知道那个时间点发生了什么事。我们会因为时光机的存在，就认为自由意志不存在吗？显然不会！时光机可以让我们知道，在经过自由意志的选择后，我们会选什么选项，但是不会因此让我们失去自由意志。同样地，时光机也不会让我们的选项成为被决定好的。因此，神还是可以保有全知的性质，我们也依然可以拥有自由意志。

（三）神与道德

许多哲学家在讨论神时，经常会把神与道德一并拿出来讨论。他们的问题很简单：究竟神与道德规则的关系是什么？对许多人来说，道德规则既然是一种规则，那么就表示这东西是被制定出来的，就好像所有规矩都是被制定出来的一样。那么，是谁制定它们的呢？一个常见的说法是：神制定了道德规则。

❋ 神制定了道德规则？

为什么要把道德规则的制定归属于神呢？其实原因也很简单。对许多人来说，道德规则具有客观性；如果道德规则具有客观性，就表示道德规则对所有人都适用，所有人都该受到相同的规则束缚。也正因为道德规则具有客观性，我们才有理由去谴责那些违背道德规则的人。如果道德规则不是客观的，而是基于某些主观的考量所制定出来，我们好像就没有立场基于这些主观的考量，去谴责与处罚那些违背我们主观考量的人，毕竟那些人可能也有他们自己的考量，我们没有立场硬是要求他人接受我们的想法。

接着，既然道德规则是客观的，那么，道德规则必定是神制定的，因为每个人在考量时都是出于自己的主观判断。换言之，没有一个人能够考量到所有情况，并且制定出所有人都该遵守的客观标准。

假设我们同意道德规则是神制定的，回到一开始的问题，神与道德规则的关系是什么？可能会有人觉得这个问题很奇怪，既然已经同意道德规则是神制定的，我们何必要问神与道德规则的关系是什么，关系不就是"神制定了道德规则"吗？

要回答这个问题，我们可以从神的另外一个性质"全善"来说明。我们知道神可以达到最高的善，也因此，神必定知道什么是最高的善。如果道德规则是神制定的，就表示这些道德规则是善的。柏拉图曾在其《对话录》的《尤西佛罗篇》（*Euthypryo*）中问过一个问题：这些道德规则是因为神知道它们是善的，所以选出来制定为规则，还是因为这些是神选出来制定的规则，所以它们是善的？这两者的差别在于第一个情况下，这些道德规则本身就已具备"善"的性质，跟神是否选择这些规则没有关系；第二种情况下，这些道德规则本身没有善恶之分，等到神把它们挑出来当作规则后，这些规则才具有了"善"的性质。

❈ 道德规则本身就具备善的性质？

这两种可能性，哪种才是正确的呢？让我们先考量第一种情况，也就是这些规则本身具备"善"的性质。如果这些规则本身就具备善的性质，就表示这些规则不需仰赖神的存在便可以独立存在。如果这些规则本身可以独立存在，我们要如何说这些规则是由神所"制定"的呢？我们似乎只能说这些规则本身就已经制定好了，神最多只能够"提醒"我们有这些规则，不能够"制定"它们。这样的结果对许多人来说是将神的地位往下拉了一大截，这不是他们所乐见的，所以，他们可能会想选择第二种情况。

第二种情况是说，这些规则本身没有善与恶的性质，等到神将这些东西特别挑出来变成道德规则之后，它们就具备了善的性质。换句话说，是神赋予了这些道德规则善的性质。如此一来，我们就可以光明正大地说，道德规则确实是神所制定，这些规则仰赖神的存在。没有神，就没有这些规则。

可是，现实可能没有想象中那么美好，这种情况也会遇到难题。如果神挑选出来的规则会自动变成善的，是否表示当神挑选的规则是"可以任意杀害无辜"时，这条规则也会变成善的呢？有人可能会反驳说，神不会挑这项规则。但是，神为什么不会挑选这项规则？是因为神知道这项规则是恶的吗？如果神知道这项规则是恶的，不就表示规则本身已有善恶之分，与神挑选与否没关系吗？此外，就算神不会挑选这项规则，我们依然可以问，假设神挑选"可以任意杀害无辜"这项规则，这项规则就变成善的规则了吗？如果答案是否定的，就表示一项规则是不是善的，跟神是否挑选它没有关系；如果答案是肯定的，这样的后果令人十分难以接受，毕竟大概很少人会同意"如果神说可以杀害无辜，杀害无辜就变成善的"。

另一种观点

看起来似乎不管哪一边，对于主张有神的人来说都会面临难题。这是否代表着这些人得放弃他们的信仰呢？其实未必。他们或许可以两种情况都不选，先否认道德规则本身就是善的，也不同意是因为神选择这些规则，才使它们变成善的。他们可以采取另外一种观点，认为神知道哪些规则在这世界上被实行之后，可以让人民生活得更好，因此将这些规则挑选出来作为道德规则。如此一来，规则本身没有善恶之分，因为不同的世界可能适合不同的规则；这些规则也不会因为被神挑选后就变成善的，因为它们有可能在别的世界造成不好的后果。

这样的想法是否有道理呢？有没有可能因此衍生出另外的问题？这些问题就交由大家自行判断吧！

语言哲学

语言在人类世界中扮演着非常重要的角色，几乎所有人打从一出生开始，便在语言环绕的世界中成长。人类与其他动物最大的不同，大概就在于人类可以很精确地使用语言表达一些事情，而动物缺乏这样的能力。我们无时无刻不在使用语言，不论是嘴巴发出一连串声音，还是用手写出一大堆符号。但是，声音与符号未必就是语言，我可以随意鬼画符，也可以随意发出一些咕哝声响，我相信没有人可以知道这些声响与符号是什么意思。那么，这些东西在什么情况下会变成一种语言呢？我们用语言表达情绪，也用语言提供信息。这样看来，语言似乎跟世界有个密切的关系，因此，哲学家当然也会好奇，到底语言跟世界的关系是什么？为什么我们可以通过语言表达这么多的事情？

语言哲学研究语言；更精确地说，是研究语言的**意义**。在这个部分，我们将会把主题放在"**符号**"所代表的意义上。符号究竟怎么传达信息？语言这个日常生活中时常被使用的东西，又会有怎样的问题呢？

（一）语言现象

日常生活中，语言的使用时常带来许多有趣的现象，而哲学家喜欢从这些有趣现象中，寻找一些我们使用语言的方式与规律，进而了解语言与世界的关系。接下来让我们看看在使用语言时，会遇到哪些有趣的现象。

❄ 提及与使用的差别

第一种我想要谈论的现象是关于语言的使用。这是什么意思呢？举例来说，某天小明在学校上语文课，老师看到小明在打瞌睡，于是把小明叫起来，请他用"家庭"造一个句子。小明很惊恐地站了起来，听完题目后放心了，大声回答老师说："老师要我用家庭造一个句子。"老师听了之后啼笑皆非，跟小明说你不能这样造句，这样不会得到分数。

问题来了，为什么小明的答案不能得到分数呢？小明的造句里确实有"家庭"这个名词啊！这不是符合老师的问题吗？

可能有不少人曾经想过这个问题，也大概可以为这个问题提供一些答案。哲学家怎么看这个问题呢？哲学家认为，小明的回答混淆了一些东西。

当我们在使用语言时，其实有两种方式，第一种是一般常见的方式，也就是使用（use）语言，第二种叫作提及（mention）语言。两种方式的差别在于当我们在使用语言时，我们希望对方注意的是语言的"意义"；当我们在提及语言时，我们希望对方注意的是语言"本身"。以上面的例子来说，老师希望小明透过"家庭"的意义来造句，但是小明却以"家庭"这个词本身来造句。如此一来，我们可以说小明的回答没有符合老师的题意，老师当然可以不给小明分数。

那么，我们怎么区分这两种情况呢？毕竟我们使用语言时，好像不会特地去强调我是用哪种方式啊！不用担心，这个问题其实早在标点符号被使用时，就已经解决了。一般来说，当我们在提及一个语词时，我们会在这个语词上面加上引号（""）。引号可以用来加强语气，也可以用来告诉我们，现在我们使用引号内的语词时，我们的意思是提及这个词。

这让我想到以前听过的一个笑话，有位老师在上课时常说粗口，课堂上有个学生把这件事告诉家长，隔天家长到学校找老师理论。家长跟老师说："我的小孩说你上课时常说脏话。"老师听了以后反问："那你的小孩有没有跟你说，我说脏话时都有加引号呢？"老师为什么可以这样反驳呢？从上段叙述我们知道，如果我们把一个语词加上引号，我们就不是在"使用"这个词，而是"提及"这个词。因此，如果老师在他说的话上面加引号，他就不是在骂脏话，而是在提及脏话！

❀ 语言的歧义性与模糊性

第二种我想谈论的现象是语言本身的特性。在与别人对话的过程中，为了能够顺利与对方沟通，我们势必要对彼此所使用的语词有相同或至少类似的解读。假设我们双方使用相同的语词，却同时表达了不同的东西，这样的沟通就会完全失去意义，无法成功达到对话的目的。哲学家了解这一点的重要性，因此对于语词的意义特别敏感。当两边在对话与讨论时，哲学家最常做的一件事，就是要先厘清双方的意思，如此一来，讨论才有可能继续进行下去。

但是，语词有时并不像我们所想象的那样清楚，许多时候我们会发现**语词具有歧义性与模糊性**。举例来说，现在的年轻人时常使用"爱豆"这个词，意为偶像，是对这个人的人品的爱称。如此一来，"爱豆"这个词就具有歧义性，如果在对话的过程中使用到这个词，我们必须先厘清这个词的意思是什么，以免两边各说各话，牛头不对马嘴。

另外，语言还有模糊性，比方说，最新款的手机开卖时，我问你："有多少人去排队啊？"你回答："有很多人去喔！"这时"很多"是什么意思？一个人显然不是很多，那么两个人呢？三个人呢？一直往上增加，到了多少人才能说是"很多"人？又比如说，今天我们出外散步时，你告诉我地上有一群蚂蚁。"一群"蚂蚁是多少呢？一只肯定不算一群，那么一直往上加，要到多少只才算是"一群"蚂蚁？

这类语言现象还有非常多的例子，最有名的大概就是秃头的例子了。我们常会认同，一个年轻人头上如果没有头发，我们也知道他不是剃了光头的话，我们会说这个人秃头。同样地，如果他的头上只有一根头发，我们也会说他是秃头；两根的情况应该也是这样。但是，如果一直往上加，我们不可能一直说这个年轻人是秃头。如果他有一百万根头发，那显然不会是秃头啊！然而，到了第几根才会使这个年轻人从秃头变成不是秃头呢？我们究竟有没有可能给这些模糊的词一个精确的定义呢？如果没办法，对我们的日常生活会有怎样的影响？读者们不妨想想看。

（二）意义是什么

"意义"大概是整个语言哲学里最重要的一个主题。日常生活中所有的沟通与谈话要能成功，"意义"大概是一个不可或缺的东西。当我跟你说："晚上六点记得去倒垃圾。"你听到以后，应了一声"好"，然后准时在六点去倒垃圾。又或者上语文课时，老师说："《论语》不是孔子写的。"我们听完以后，好像会得到一些东西的感觉。为什么我们嘴里发出的一连串声响，可以达到这样的效果？你大概会说："因为这些声响有意义啊。"那么，到底什么是意义？意义是从哪里来的？

德国哲学家弗雷格大概是最早对这些问题给出系统性答案的人,在讨论他的哲学主张之前,让我们先来思考下面这个问题:"奥巴马是欧巴马"和"奥巴马是美国第四十四任总统",这两句话有什么差别?这个问题应该不难回答,你可能会说第一句根本是废话;第二句不是废话,它说了一些东西,给了我们某些信息。没错。首先,我们大概都会同意,一个句子通常会有真假值①;换句话说,一句话要么会是真的,要么会是假的。上面这两句话,第一句一看就知道是真的,连想都不用想。但是第二句话呢?我们可能要想一下,或者我们需要去查证一下。查证什么?当然是查证奥巴马是不是美国第四十四任总统。怎么查证呢?我们可能需要透过实际考察,确认在这世界上,奥巴马是否如这句话所描述的那样。问题是为什么会有这样的差别?是什么因素导致这两句话会有这样的差别?

🌀 指涉与意涵

弗雷格试图为这个问题给出一个答案,首先,我们都知道在语言的使用上,"奥巴马"这三个字叫作"专有名词",且让我们简称"专名"。顾名思义,"专名"就是某个东西的名字;我的名字是一个专名,你的也是。接着,所有的专名对弗雷格来说都具有两个面向,第一个面向是专名的**指涉**（Reference）,另一个面向是专名的**意涵**（Sense）。"指涉"是这个专名所对应的那个人,而"意涵"则是对这个专名的独特描述。以上述的例子来说,那个对应"奥巴马"这个专名的人,可以适用于"美国第四十四任总统"这个描述,而这个特定的描述,就是"奥巴马"这个专名的意义。

如此一来,我们大概可以回答上面几个问题了。首先,什么是意义?意义就是对一个东西②的特定描述,"奥巴马"的意义就是"美国第四十四任总统"。当然,一个专名的意义可以有很多个,比如"奥巴马"的意义还可以是"美国历史上第一位黑人总统""米歇尔的老公"等等。

接着,意义从哪里来?回想一下刚才在思考上面两个句子的差别时,

---

① 一般而言,我们称有真假值的语句为"命题"。
② 并非只有专名才有意义,上面只是通过专名当例子。

我们想知道第二个句子是真的还是假的，必须透过实际情况去查证，因此，意义就是从这个世界而来。"奥巴马"之所以会有上述这些意义，都是因为这些意义符合现实世界中的状况；现实世界就是意义的来源。

最后，为什么上述两句话会有差别呢？因为我们想了解第一句话在说什么时，似乎不需要涉及任何专名的意义，只要知道"是"的意思，就足以了解第一句话了。但是，要了解第二句话，就涉及了专名的意义，我们必须能够了解"美国第四十四任总统"这句话是什么意思，才能够了解第二句话。

❀ 外延（Extension）与内涵（Intension）

外延与内涵的差别，在语言哲学中是个重大的区分。光看字面似乎很难了解这两个东西在说什么，但事实上，我们已经在前一节里稍微提过类似的东西。还记得弗雷格曾经区分"指涉"与"意涵"吗？外延与内涵也是类似的东西。指涉与意涵是弗雷格针对专名的两个面向所做的区分；外延与内涵则不限定在专名，其他的语词，比如形容词、描述词等都可以适用。"**外延**"通常是**具体**的东西，指的是那些可以适用于某个语词的"**对象**"。举例来说，"老虎"这个词的外延就是所有老虎的集合，我们把所有的老虎抓出来（从古至今都算），这些老虎就代表着"老虎"这个词的外延。"**内涵**"则是比较**抽象**的东西，指的是那个语词可以被怎么理解，或者说，这个语词的**意义**。如果我们同样以老虎当作例子，"老虎"的内涵可能是"世界上最大的猫科动物"；一旦我们提到"世界上最大的猫科动物"时，我们的意思就是指"老虎"[①]。

外延与内涵并不是一一对应的关系，举例来说，"老虎"这个词的内涵可以是"世界上最大的猫科动物"，也可以是"百兽之王"，因此不同的内涵可以同时指向同一个外延。那么，不同的外延是否可以指向同一个内涵呢？许多哲学家认为不行。一个语词的"内涵"通常是一个独特的描述，只会指到特定的对象。举例来说，"猫科动物"不会是老虎的"内涵"，因为"猫科

---

① 目前世界上最大的猫科动物还有争议，有人认为是狮子，也有人认为是老虎（西伯利亚虎），文章在此提及仅是举例。

动物"还可以指到其他动物,比方说猫、狮子、豹等等。由于"内涵"是一个独特的描述,所以"内涵"会决定特定的对象;换句话说,就是决定语词的"外延"。

做出这样的区分,对于哲学有什么帮助呢?

当哲学家做出这样的区分后,在许多领域上可以有更多的发展,比方说数学与逻辑领域。在这些领域中,许多名词的定义,通常是通过语词的"外延"来定义,例如"偶数"这个语词的意义,就是所有偶数的集合,这种方式在建立逻辑语言的意义上很有帮助。又比如说,通过这样的区分,语言哲学家在研究语言问题时,可以更清楚地了解到他们现在面临的问题,应该是要针对"对象"去解决,还是要针对"意义"去说明。

科学哲学

在我们生活的这个世界,如果真的要说哪一类人对世界具有最大的影响力,这一类人大概非科学家莫属了。我们通过科学认识世界,科学家告诉我们土地、水和空气的组成。除了这些世界的基本成分外,科学家还告诉我们世界基本现象的原貌,例如月蚀不是天狗把月亮给吃了,河水泛滥也不是河神生气了,火山爆发更不是祝融造成的。科学被用来解释世界,但是更多时候,科学可以用来改变世界。蒸汽机的发明引发了整个科学革命;莱特兄弟发明飞机,让地球一下子变小了;计算机的发明让信息的流通更实时;核子技术的发明可能让这个世界变得更安全,也可能变得更危险。

科学与我们密不可分,任何科学研究上的成果,都可能给人类世界带来巨大的改变。为什么科学具有这样的力量呢?科学与其他学科的差别又在哪里?科学是否真的总是这么可靠?且让我们来看看哲学家怎么透过这些主题来研究科学。

(一)非科学与伪科学

在讨论科学哲学之前,我们势必得先弄懂"科学"是什么。要直接说明"科学"是什么是一件非常不容易的事，或许我们可以试着从另外一个角度切入，先来谈谈科学不是什么。

❋ 什么东西不是科学

我们时常会说某些东西"不科学"，当我们这么说时，是什么意思呢？通常我们可能有两种意思，第一是说这东西跟科学没有关联，第二是说这东西本身打着科学的名义，可能还用了许多科学的术语，但本身却不是科学。

第一种情况很容易想象，日常生活中许多事情与现象都与科学无关，比如艺术、文学、历史等学科。这一类学科通常与科学没有太大关联，也不会自称为科学。要成为好的艺术家、文学家或历史学家（可能某些历史学家与科学有密切关联，例如考古学家），需要的可能是细腻的心思与丰沛的情感，科学知识或许会有帮助，但它们不扮演关键角色。虽然我们说这一类学科不科学，但这并不是要去贬低这些学科，毕竟我们时常听到人们说科学总是冷冰冰的，不带感情，不如文学与艺术这类学科，可以让人有更多的启发与感触。我们说这些东西不科学，只是在说这些东西的研究在方法上不是使用科学方法，在目的上也不是以解谜（有些哲学家认为科学行为就是一种解谜的行为）为目的。

第二种情况就比较复杂了。许多理论看来似乎都有科学基础，常见的有占星术、网络上的心理测验，以及神学理论（许多神学理论企图通过科学语言说服他人相信其真实性，比如神创论）等等。这些东西被支持者通过许多科学语词加以包装，但其本身真的是科学吗？我们又该怎么区分一个理论是不是科学理论呢？非科学与伪科学的差别在于前者不会自称是科学，后者则会自认为是科学。一个理论到底算是真正的科学理论，还是伪科学理论？这个问题在哲学上被称为科学的"划界问题"。我们怎么给出一条适当的界线，这条界线又要如何帮助我们分辨科学理论与伪科学理论？

❋ 科学理论的特征

我们大概都会同意，一条科学理论最重要的特征，就是要具有**"普遍性"**。

举例来说,当一个理论主张水的成分是两个氢原子加一个氧原子时,不管是在喜马拉雅山上的水,还是在马里亚纳海沟里的水,都是一样的组成,不会有任何不同。换句话说,在任何地方的水,其组成成分都是两个氢原子加一个氧原子。"普遍性"构成了科学理论的基本特征,我们可以想见科学理论的划界,很大程度需仰赖这个特征。

逻辑实证论与否证论

科学哲学史上最早对科学理论做出系统性划分的,就是二十世纪初蔚为主流的**逻辑实证论**。逻辑实证论者认为科学理论既然具有普遍性,就必须能够经得起检验。因此,他们提出"**可检证原则**",认为只有能够透过经验加以检验的理论,才算是科学理论。有了这个原则之后,我们就可以对许多理论做出划分。比方说,"上帝花了七天(或者说六天,第七天休息)创造世界""上帝以自己的形象创造人"等,这些主张都会被排除在科学理论之外,因为我们根本没办法验证这些主张是否正确。

但是,这种划分真科学与伪科学的方法够好吗?哲学家波普尔认为不够好。让我们想想一开始提到的例子:占星术、心理测验、神学理论。神学理论或许可以通过逻辑实证论的方法排除掉,但是占星术跟心理测验好像就不一定了。显然,占星术与心理测验确实可以通过经验去验证他们的真假,如此一来,我们是不是就得承认这些东西算是科学呢?波普尔于是主张,**科学**真正的划界在于理论是否能够被**否证**[1],一个能够被否证的理论才是真正的科学理论。占星术与心理测验这一类,可以透过一堆特置假设(ad hoc)[2]以及模棱两可的说法,来避免验证失败的情况,不算是科学理论。

在波普尔之后,对于科学划界问题感兴趣并投入其中的哲学家还有很多,比如孔恩、拉卡托斯、劳丹(Larry Laudan, 1941—)等等,我不在这

---

[1] 第三篇章的"波普尔"一节有更多说明。
[2] 透过额外的假设让自己避理论错误的后果。比方说,假设小明算占星术,占卜师跟他说明天会有血光之灾。过了两天,小明回来跟占卜师说:"你错了,我明明没有事!"占卜师说:"那是因为月亮正好走到地球背部,挡住了这场灾难。"占卜师这种说法就是一种特置假设。

里——谈论他们的哲学主张,对这个主题有兴趣的读者,可以自行寻找他们的文章。

(二)科学说明

大多数人对于科学方法,大概都有一些基本的观念,就是**假设**与**实验**。那么,在我们透过科学方法得到科学定律之后,要怎么应用这些定律,针对日常生活的现象给出科学说明呢?给出科学定律与给出科学说明是截然不同的两件事,彼此之间的关联可说正好完全相反。如果用比较直觉的方式来解释,前者是从经验出发,结束于普遍性的法则(我们从许许多多的经验出发,归纳出普遍的经验法则);后者则是从普遍性的法则出发,结束于经验现象(我们从法则出发,对于经验给出科学说明)。

❋ 韩培尔的涵盖律模式

在当代科学哲学界,针对"科学说明"给出一个系统性解释,最著名的哲学家就属德国哲学家**韩培尔**(Carl Gustav Hempel, 1905—1997 年)①。韩培尔针对"科学说明"的现象给出一个模型,这个模型被称为"**涵盖律模式**"(Covering-law Model)。他认为这个模式是所有科学说明的基础,如果一个说明不属于这种模式,这个说明就不算是科学说明。韩培尔将一个科学说明分成两个部分,第一个是**解释项**,第二个是**被解释项**。解释项又再分为两个区块,第一个区块是**具有普遍性的法则**,或者也可以说科学定律。第二个区块则是当前所面对的**前置条件**。整个模型大致可以用下列的图形表示:

涵盖律模式
普遍法则(可以有一条以上,取决于你想要说明什么现象)
前置条件(一样可以有一条以上,取决于当时相关的环境有多复杂)
==

---

① 或说"德裔美籍"。韩培尔出生于德国,也在德国受教育,一九三七年移民至美国而加入美国籍。

现象（被说明的现象）

到底科学说明是什么意思，这样的图形可能还不是太清楚，让我们透过一个例子，看看这个例子如何符合这个模式。设想有一天，我带着我的皮球进澡堂去洗澡，我心血来潮把皮球放进水里，手一放开，皮球马上浮出水面，我要怎么通过科学说明这种现象呢？根据韩培尔的涵盖律模式，我的说明大概会是这样：

涵盖律模式
普遍法则：一个物体的密度如果比水还小，这个物体就会浮在水面。
前置条件：皮球的密度比水还要小。
==
现象：所以我把手放开之后，皮球马上浮出水面。

透过韩培尔的涵盖律模式，我们可以清楚看到一个现象如何透过科学来说明。涵盖律模式对于科学哲学的发展意义重大。不过，尽管涵盖律模式看起来似乎很美好，其中却也不难看出许多问题，这也是为何后来的科学哲学家如波普尔、孔恩等人，都反对这种模式的科学说明方式。读者们可以想想看，会不会有些说明不符合韩培尔的涵盖律模式，而我们依然认为它们算是科学说明呢？

（三）归纳法的困难

先前，我们曾说过归纳法本身不是一个有效推论，因此，任何仰赖归纳法所得出的结论，都不会是一个有效的结论，且都有被推翻的可能性[1]。同样地，我们也知道科学理论的结论时常通过归纳法得来，比方说"抽烟会得肺癌""水会往低处流""我们会先看到闪电才听到雷声"。虽然你可能会说，

---

[1] 更多的说明可参考第三篇章的"休谟"一节。

我们可以通过科学法则说明这些现象啊!但可惜的是,科学法则也是通过归纳法得出来的。

归纳法除了会让科学研究的结论变成无效结论之外,是否还有其他难题呢?有的。归纳法还有一个重大的难题,会使我们因此没办法去选择相信哪一个科学理论;又或者说,这个难题会使我们无法通过归纳出的经验去筛选科学理论。哲学史上的归纳法难题,最著名的有两个,第一个是休谟所提出来的归纳难题,我们在第三篇章中已经提过。另外一个则是由美国哲学家**古德曼**(Nelson Goodman,1906—1998 年)所提出来的"**翡翠悖论**",又称为"归纳新谜"。

❋ 古德曼的翡翠悖论

古德曼说,从以前到现在,我们所发现的翡翠都是绿色的,而根据归纳法,如果到目前为止我们发现的所有翡翠都是绿色的,而且我们的样本数够大的话,我们就可以主张"所有翡翠都是绿色的"。所有我们发现过的翡翠都可以当作证据,证明这个主张是正确的。这个主张会变成一个科学理论,而且具有普遍性。但是,现在让我们想想另外一种情况,假设这个世界上有一种特别的颜色叫作"绿蓝色"①,这个颜色有一种很奇特的性质,就是在公元三千年以前,有这个颜色的东西会呈现绿色,而在公元三千年以后,有这个颜色的东西会转变成蓝色。我们发现到目前为止,所有的翡翠都呈现绿色,而且现在是公元三千年以前,因此,这些呈现绿色的翡翠也都可以拿来当作证据,证明"所有翡翠都是绿蓝色的"这句话是正确的。这个主张可以变成一个科学理论,也具有普遍性。现在问题来了:同样的一组证据,可以用来支持两种不一样的理论,那么,究竟哪种才是正确的呢?

或许你会认为,这算哪门子的问题呀?这种奇怪的"绿蓝色"根本就是古德曼自己创造出来的东西,世界上并没有这种东西啊!所以我们不必去相信翡翠是绿蓝色的。这样的回应看似有道理,其实没有真正打击到这个悖

---

① 不同于我们日常生活中称呼那些有点绿又有点蓝的颜色,这里说到的绿蓝色与我们日常生活中使用"绿蓝色"的方式完全不同。

论的核心。我们可以试想,"绿色"不也是以前的人创造出来的词吗?假设以前的人一开始创造的不是这个词,而是创造"绿蓝色",以及跟上面相同的使用方式,我们现在搞不好就真如古德曼所说,是这样在使用"绿蓝色"的概念。在这种情况下,我们反而会说"绿色"是一种被刻意创造出来的奇怪东西。而且,这个悖论最大的杀伤力,在于归纳法所得出来的结论永远可以超过一个以上;换句话说,相同的经验证据可以支持不只一个结论。遇到这种情况时,我们该怎么办呢?这个困难到现在为止,还没有哲学家可以给出令人满意的解答。

3分钟重点回顾

1. 哲学是关于"思考"的学问,因此可以被使用在许多学科中。

2. 政治哲学时常探讨关于"正当性"的问题,诸如国家统治的正当性、政治体制的正当性,以及财富分配的正当性等。

3. 国家统治的正当性,在中世纪时期来自于上帝,到了近代则来自于人民。

4. 专制制度未必完全都是恶;对柏拉图来说,贤明的君主或许可以让社会生活更理想。民主政治本身也有需要解决的困难,我们怎么从克制人性的欲望面来选择贤能的人,是投票行为需要考量的一个问题。

5. 罗尔斯认为唯一符合正义、具有正当性的财富分配方式就是公平,但是在某些情况下,我们可以允许不公平的情况发生。

6. 心物问题是心灵哲学中最重要的问题。关于心灵与身体的关系,古往今来有过许多理论,目前是物理主义与功能主义居于主流地位。

7. 人格同一性问题在日常生活中十分常见,我们时常需要辨识一个人是不是原来那个人。法官判案时不能够抓错人;我们在考量自己的未来时,也必定要预设未来那个人就是同一个我。

8. 人格同一性的判准主要有三种:物理判准、心理判准、灵魂判准。

9. 宗教哲学与神学的差别,在于宗教哲学不预设立场,纯粹透过理性来解释宗教语言,但神学已经预设了所属的宗教是正确的。

10. 宗教哲学的讨论大多离不开神,尤其很大一部分是关于神的存在与否。历史上有许多人试图证明神的存在,也有许多人试图证明神不存在。无论是哪一方,目前似乎都还没有足够具有说服力的论证。

11. 语言哲学探讨语言现象,以及语言与世界的关系。语言哲学中最主要的议题大概是语言的意义问题,语言是如何拥有意义的?意义又是从何而来的？

12. 当我们能够清楚区分"语言"与"语言的对象"后，这样的区分有助于数学与逻辑的发展。

13. 科学的"划界问题"是科学哲学中最重要的议题之一。逻辑实证论者透过"可检证原则"区分科学与伪科学，波普尔则通过"可否证原则"区分两者。

14. 科学说明是科学的其中一个目的，科学家企图通过科学法则解释这个世界。最早给出科学说明模型的是德国哲学家韩培尔，他透过涵盖律模式解释科学说明的形式。

15. 归纳法的难题主要有两个，第一个是休谟提出的，主要目标在于攻击归纳法不具备推论上的有效性；第二个是古德曼提出的"归纳新谜"，主张归纳法无法决定我们应该采取的科学理论。

Day 4
哲学语录

人不能踏入同一条河流两次,因为这条河经过时间的流逝后,已经不是先前那条河流。——赫拉克利特

聪明人说话,是因为有话要说;蠢人说话,则是因为要说些话。——柏拉图

知识是实验的女儿。——达·芬奇

自然状态就是一种战争状态。——霍布斯

自由人最少想到死,他的智慧不是关于死的默念,而是对于生的沉思。——斯宾诺莎

人能够想做什么就做什么,但无法想要什么就得到什么。——叔本华

良心是由人的知识及生活方式所决定的。——马克思

没有真理,只有解释。——尼采

这世界最大的麻烦,在于傻瓜与狂热分子对自我总是如此确定,而智者内心却总是充满疑惑。——罗素

真理就是在经验面前站得住脚的东西。——爱因斯坦

哲学就是用语言与受蛊惑的智慧对抗的一场战斗。——维特根斯坦

公平的社会应该致力于让公民拥有相同的财富,还是相同的机会,还是只让每个人拥有满足其最低需要的财富?——德沃金

DAY 5
第五章 用哲学看世界

一门学科不管在理论上有多高的成就，如果无法在生活中实践，总是会让人感到些许的遗憾。哲学对许多人而言，就是这样一种学科。今天，我们要打破这样的观感，让人们了解哲学不但有理论上的价值，也拥有实践上的价值。

原来这些议题都和哲学有关？
——日常生活中遇到的哲学问题

我曾经在这本书的一开始提到，哲学可以是一门具体的学科。既然是一门具体的学科，必定要能够被人们拿来实践。同样地，我也曾经提过，许多哲学问题充斥在日常生活中，只是人们可能没有意识到，那些问题原来算是哲学问题。

虽然针对许多的问题，哲学未必能够给予一个让所有人满意的答案（基本上是完全没办法给出这样的答案），但是，给出令所有人满意的答案，从来都不是哲学的强项；哲学的强项在于**分析问题**。透过分析问题，有助于人们了解这个问题在问什么，以避免双方对于问题的理解有歧义，造成讨论效率的下降（相信大家都曾有过驴唇不对马嘴的经验）。接着，哲学能够提供一些可能的思考方向，让大家朝更多元的方向思考问题。最后，分析这些思考方式又会造成哪些可能的后果。

在这里，我们会将哲学思考实践到日常生活中，讨论我们平常可能遇到的哲学问题。这样的哲学问题非常多，我挑出了十个问题作为例子，相信这十个问题对读者来说，应该都相当熟悉，如此一来，在讨论过程中才会比较容易有共鸣。当然，碍于篇幅关系，我们不可能针对这些问题有足够深入的探讨，有些问题很可能不会有结论，而会采取"点到即止"的态度。今天的目的在于点出问题意识，而非专题讨论。因此，在这里，我们将仅对日常生活中的哲学问题辟开一条讨论的小径，至于这条路能够走多长，就交由读者自行探索了！

问题一　我们可不可以吃肉

在我们的日常生活中，不乏素食主义者，他们吃素的理由不尽相同，有些是出于宗教因素，有些则是个人偏好[1]。不论吃素的理由是基于宗教因素还是个人偏好，这些理由都不具有普遍的规范力量。换句话说，这些理由没办法普遍化到其他人身上，因此，我们不能够要求其他人基于同样的理由来吃素。

但是有些人认为，某些理由确实具有普遍的规范力量，这些理由会要求我们应该吃素，不应该食用动物。这类人通常会将这种主张诉诸于动物拥有某些权利上头。

（一）动物权利

"**动物权利**"是什么意思？在讨论动物的权利之前，先让我们想想看人的权利，也就是"**人权**"是什么意思。一般来说，"人权"是指"身为一个人所应该享有的权利"。换句话说，只要是人，就会享有人权。那么，回到动物身上，如果真有所谓的"动物权"，这种权利是否跟人一样，只要身为动物就会拥有呢？

接着，让我们先把这个问题搁在一边，有另外一个比较重要的问题是：动物有哪些权利？同样地，从人权出发，人类拥有的权利不外乎是生存权、自由权、平等权等一般被我们认为具有普世价值的权利，那么，动物是否也拥有类似的权利？

✸ 动物权是否适用于所有动物？

到目前为止，我们在理解"动物权利"的意思上，有两个问题。首先，动物权[2]是否适用于所有动物？其次，动物权的内容是什么？

---

[1] 也有些人吃素的理由是基于环境保护，这种理由比较仰赖科学数据，而非哲学论述，因此在这里不多加讨论。
[2] "动物权利"的简称。

针对第一个问题，有些支持动物权的人主张，动物权只适用于那些**具有感受力**的动物身上。有感受力①的意思是说，这些动物有能力感受到疼痛、不安、愉快、自在等情绪。他们认为，除了有感受力的动物之外，其他的动物没有动物权。之所以会限缩动物权的范围，理由也很单纯，他们认为凡是生来就具备感受疼痛能力的生物，应该拥有与生俱来的权利。因为对许多人来说，疼痛是一种负面价值，发生在人类或动物身上都是不好的，应该加以避免。

但是，这样的想法却忽略了一个关键。对人类来说，拥有人权的原因并非是因为拥有"感受力"，而是因为"**身为人**"。如果感受力是必要的条件，那么，我们好像必须承认失去感受力的人没有人权。比如说，因为大脑皮层受伤而失去功能的植物人没有人权。但是，我们显然不会认为这一类植物人没有人权，他们依然享有生命权、平等权、自由权等基本权利。因此，对于"是否所有动物都享有动物权"这个问题，还需要更多的论述，没办法轻易地从感受力来区分。

❋ 动物权的内容

第二个问题是关于动物权的内容。假设我们承认动物权的内容跟人权的内容相同，动物也享有生命权、平等权、自由权等基本权利，这样是否就可以推论出我们不该食用动物呢？我想答案似乎是否定的。为什么？让我们回想一下，人权适用的对象是谁？显然是人。因此，根据人权适用的对象以及内容，人权所约束的只有人类。举例来说，我们不会说狮子吃人之后，这只狮子违背了此人的生存权，因为人权不能约束非人的物种。同样地，假设动物有类似于人权的动物权，那也仅代表动物之间不能够违背彼此的权利，不代表人类食用动物会违反动物权，就好像动物食用人类不会违反人权一样。

有人可能会回应说："上面这种回应已经把人类排除在动物之外了，但人类事实上属于某种动物啊，因此，动物权当然可以包含人类。"如此一来，

---

① 科学上一般认为大脑皮层是控制情绪与知觉的必要区域，因此，没有大脑皮层的动物不会有情绪与知觉的感受。

当动物真的拥有权利时，表示这种权利可以约束包含人在内的动物。换句话说，这种主张不区分特定的物种，而把动物看作一个整体，彼此之间不能互相违背权利。

这是一个可能的回应方式，但这种回应方式也可能造成一些后果，比如"人权"本身变得可有可无，不是很重要（因为范围太狭隘，可以被动物权取代），真正重要的反而是"动物权"（包含人在内）。然而，我们真的能够接受"权利"的对象是动物，而不专指人吗？

对许多人来说，权利时常伴随着"义务"，而义务本身需要先被理解，才有办法被实现。但是，动物大概很难理解什么是义务。当我们讨论"人权"时，我们可以协调彼此之间的权利与义务关系，但是我们无法跟人以外的动物协调这种关系。我们不会期望狮子能够理解它有"义务"尊重我的生命权，不能吃我们。换句话说，动物权变成是一种人与动物的单向关系，非人的动物只有权利，没有义务。这种权利真的是我们可以接受的吗？

（二）赋予动物"福利"

关于动物有权利的理由当然还有很多，但是我想先停在这里，然后从另外一种想法出发。有些人认为，就算动物没有权利，我们还是应该吃素，因为我们要赋予动物"福利"。他们的说法大概是这样：动物对于人类来说算是弱势，而给予弱势福利是一种道德要求。如果我们不食用动物也可以生存，那么我们何不给予动物一些福利，让它们可以不必因此遭到杀害呢？而且，比起肉食所带来的快乐，保护动物的生命有更高的道德价值，如此一来，我们改吃素会是比较有道德价值的选择。

这种想法不主张动物有权利，而主张吃素比较有道德价值，因为这样可以保护动物的生命，减少杀害。但是，我们要注意这种主张并不蕴含吃肉应该被谴责，只蕴含吃肉比较没有道德价值而已。因此，持有这种主张的人，不能因此谴责肉食者在道德上是错的，因为道德错误与道德价值是两种不同的概念。

最后，我想再提出一个问题作结：就算动物有动物权，是否就代表了我们不能吃肉呢？有没有什么情况是就算动物权存在，我们吃肉依然不算是道德错误？我们可以从一个例子来做类比：人拥有自由权，但是在某些时候（例如犯罪），自由权可以被剥夺（例如被监禁）。那么，动物权是否也有类似的情况？

问题二　国家有权利设立死刑吗

死刑的存废，是这世界上许多国家的一个热门议题。根据调查，民意普遍支持死刑，但这还不足以支持死刑的存在。当我们将死刑议题拿到台面上讨论时，应该采取的方式是谨慎思考与理性对话，尤其此议题关乎人的生命，公众意愿与个人情感必须暂时排除在外。接着让我们来看看，我们可以通过哪些理性的方式来支持死刑，以及其困难。

（一）支持死刑：应报论与后果论

一般来说，支持死刑的人通常持有的论点分为两大类，一类是从"**应报论**"的观点出发。这种观点认为罪犯的惩罚应该与其罪行相称，如果罪犯的行为对社会造成十分的恶，那么罪犯就应该受到十分的惩罚，依此类推。如此一来，如果罪犯做了十分严重的恶行，就必须承担同等程度的惩罚。对人来说，最严重的惩罚莫过于生命被剥夺，因此，当罪犯的恶行达到某种程度之后，死刑是一种最能够相称于其罪行的惩罚。所以，死刑是合理的，也是必要的。

另外一类观点是根据后果来考量，被称为"**后果论**"。这种观点主张惩罚的目标在于其吓阻力。当我们惩罚罪犯时，我们不但要吓阻罪犯，让他们以后避免犯下同样罪行，同时也要吓阻社会上潜在的罪犯，让他们因此感到警惕。死刑是一种最具有吓阻力的手段，只有当死刑存在时，才能够用来吓阻那些意图犯下极大罪行的人。

❋ 应报论的问题

我们先从第一类观点来讨论死刑的存废问题。应报论的观点看来很符合一般人们对惩罚的直觉,一个人犯了多大程度的错,就应该承担同样程度的痛苦。就连我们在制定法律时,都会要求法律必须符合比例原则,不可以让重罪受到轻罚,反之亦然。

但是,应报论真的足以支持死刑的存在吗?我们知道,应报论这种观点最古老的来源,就是所谓的"以牙还牙,以眼还眼",罪犯如果让对方失去了手臂,就必须赔上一只手臂。但是,这样的想法在现代已经无法适用。对许多人来说,人有基本的尊严及权利,有些行为不能够施加在其他人身上。比如说,我们对性侵犯的惩罚,不会是让此人也受到性侵害;同样地,我们也不会去虐待那些虐待他人的罪犯。当我们对待这些犯人时,我们依然采用剥夺其自由的方式来惩罚。换句话说,就算这些罪犯有这样的罪行,我们也不能够用同样的手段对待他们,这是因为我们普遍认为某些行为本身就是不道德的,无论我们如何愤怒,都不能将之施加在人的身上。

如果我们认为"性侵"性侵犯者及"虐待"施虐者,是不被道德许可的行为,那么,我们如何能够同意剥夺杀人者的生命是被道德许可的呢?如果道德不允许我们剥夺杀人者的生命,法律似乎就不能保有死刑的存在。

支持应报观点的人可能会主张,有些人的罪行已经重大到只有死刑才足以与其相称,如果不能对这些罪犯判处死刑,将是一种严重的不正义,罪行与惩罚会严重地失衡,更会令大众无法接受。但是,死刑真的是一种我们可以借用以恢复正义的手段吗?如果正义就是严格执行"罪刑与惩罚相称",那么我们是不是必须同意,在某些罪大恶极的行为下,我们可以允许"凌迟至死"的刑罚呢?

关于应报观点的讨论,我就停在这里,读者们可以再想想看,我们真的是在理性上认为死刑是种可以被使用的手段,还是只在情感上这么认为?

❋ 后果论的问题

接着是"后果论"观点的讨论。后果论观点认为死刑的吓阻力是有必要的，只有死刑存在，才能够吓阻那些想要犯下极大恶行的人，让他们因此有所顾忌，不敢犯罪。这样的想法看起来也颇具吸引力，但是，这样真的足以支持死刑的存在吗？

首先，后果论观点关注刑罚的后果，而刑罚的后果有两个面向，一个是针对受刑人，一个是针对潜在罪犯。显然，死刑的存在无法吓阻受刑人，因为在执行死刑后，受刑人已经失去生命，当然不可能在未来犯下同样的过错。因此，死刑对于受刑人来说不具有吓阻力。那么，死刑对潜在罪犯的吓阻力，真的有支持者所主张的那样明显吗？这个部分必须交由实际的统计数据来决定。可惜的是，不管是支持死刑的一方还是反对死刑的一方，似乎都能够拿出对自己有利的证据。因此，死刑的吓阻力目前看来还是不够明朗。

或许有人认为，这种东西还需要统计数据吗？人就是怕死啊！既然人怕死，那么死刑当然具有吓阻力啊！但是，人真的这么怕死吗？我们可以透过下面这个问题来检视一下。我相信大多数人都有驾驶交通工具的经验，在驾驶交通工具时，我们通常会遵守交通规则。现在问题来了，我们遵守交通规则的原因，主要是担心我们的生命安全受到伤害，还是因为我们不想被开罚单呢？当我们闯红灯时，我们最担心的是发生交通意外，还是前面出现警察呢？我想对许多人来说，恐怕都是后者吧。

有人可能会认为，上面这个例子是错误的类比，因为那些担心前面出现警察的人并非不怕死，只是当下没想到这样的行为可能造成足以死亡的意外罢了。如果支持死刑的人这么回应，那么反对死刑的人就可以顺着说：你看吧，这些人在这种情境下没想到可能会死亡；同样地，许多犯罪者在犯罪的当下，也不会认知到自己的罪行将使自己被处以死刑。如此一来，死刑的吓阻力根本就没有效果嘛！

上述说法真的足以说明死刑的吓阻力不足吗？这个问题我将不再多做叙述，留给读者自己思考。支持死刑的论述当然还有许多，同样地，也还有其他反对死刑的论述没有在这里出现。最后，我想问同一个问题：如果吓阻力真的可以用来支持刑罚，那么凌迟处死的吓阻力一定比死刑还大，我们是否也必须接受这样的刑罚呢？如果不行，是否代表着刑罚有一些不能逾越的界线？如果有的话，死刑是否逾越了那条刑罚的界线？这些问题都是我们在讨论死刑的存废时，更为根本的问题。

问题三 公众人物感情出轨，为什么要跟大家道歉

不管是在国内还是国外，公众人物的感情生活一直是大家好奇的对象。在媒体们不停挖角与跟拍的紧迫盯人之下，公众人物爆出婚外情的事件层出不穷。在婚外情爆发之后，我们时常会看到一个现象，就是这些公众人物或者召开记者会，或者发表声明稿，为自己的行为向社会大众道歉。或许我们会同意这些人确实需要向某些人道歉，但是，他们真的需要向"社会大众"道歉吗？

（一）公众人物扮演的角色

要回答这个问题，我们要先思考，公众人物在社会上扮演的角色是什么。公众人物大致可以分成三类：政治人物、运动明星、演艺人员。以政治人物为例，我们希望这些被选出来的政治人物能够带领国家走向正确的方向；执政方必须通过其专业素养制定出好的决策，监督者要恪尽其监督政府之责，扮演好百姓的守门人角色。以运动明星与演艺人员为例，他们之所以成为公众人物，获得许多人的支持，不外乎是他们在自己的专业领域上有优秀的贡献，因此获得了名气与粉丝。

看起来，公众人物扮演的角色必定与他们的职业相关。我们可以因为一个政治人物没有达到自己应尽的责任，没有好好制定国家政策，或者没有好好监督政府等等，从而责备这些人，要求这些人道歉与下台。同样地，我们也会因为各自支持的运动明星没有好好锻炼自己，荒废自己的运动能力，从而指责他们没有身为运动员的自觉。此外，当我们因为喜欢某些艺人的表演而购买他们的表演产品时，我们当然也可以因为这些产品质量下降，从而要求他们给个交代。

我想说的是，我们通常会同意，当这些人没有尽到自己的责任，却又仰赖这样的身份来获得财富时，我们确实可以指责他们不应该这么做，而他

们也应该向人们道歉。接着，我的问题是：这些人在他们的专业领域外，是否还扮演了其他的角色？比方说，扮演着要符合社会主流道德观的角色。这个角色是他们"应该"要扮演的，还是我们"擅自"扣在他们身上的呢？如果这些人"应该"要扮演这样的角色，那么我们就会同意，当他们违背了社会主流道德观时，应该向社会大众道歉，因为这是他们的责任。但是，如果这些角色是我们"擅自"扣在他们身上的话，当他们违背这个角色时，似乎就没有向社会大众道歉的"义务"。

（二）公众人物是否应该扮演符合社会主流道德观的角色

因此，让我们来想想看，有哪些理由可以用来支持我们主张"公众人物除了其专业之外，还应该扮演符合社会主流道德观的角色"。首先，最直觉的理由大概就是因为他们是"公众人物"。我们大多会认同，身为公众人物确实拥有比一般人还要多的影响力；当他们比一般人更有影响力时，就必须对自己行为可能造成的影响负责任。如此一来，"具有更大的影响力"就成为他们应该扮演这个角色的原因。

一旦拥有足够的影响力，就得自动扮演这样的角色，这个原因足够具有说服力吗？首先，怎样才算是具有"足够的"影响力呢？能够影响一百人算不算足够？一千人、一万人呢？显然，"足够"的定义是十分模糊的。

接着，具有足够的影响力，就势必要自动扮演这样的角色吗？我们来说说电影。我相信许多电影都具有足够的影响力，那么这是否代表电影也必须扮演类似的角色，电影的内容必须符合社会主流道德观呢？我们大概不会这样认为。为什么我们不去要求同样具有影响力的电影，却要求人扮演这个角色呢？有人可能会回应，那是因为大家都知道电影是假的啊，所以不会被影响，但公众人物却是真实的，因此容易受影响。

这样的回应真的成立吗？试问，当看到公众人物发生丑闻时，我们是抱持着"这些行为会影响到其他人"而感到愤怒，还是抱持着"又有一场好戏看了"而感到好奇？对许多人来说，看着公众人物的丑闻，就跟看一场戏一样，没什么差别。我们时常看到人们模仿电影情节，反而不常看到人们模仿公众人物的行为。因此,"人们可以判断电影是假的,公众人物是真的,因此公众人物对人的影响远大过电影"这样的想法,不是这么容易成立的,可能还需要其他更多的论述。

也可能有人说,感情出轨在道德上是错的,这些人本来就应该道歉,跟他们是不是公众人物无关。这样的说法对了一半,错了一半。确实,如果感情出轨在道德上是错的,这些背叛者当然必须承担某些责任,为了自己的行为道歉。但是,如果只是基于这种理由,他们道歉的对象不会是社会大众,而是那些被他们伤害的人,比方说他的配偶、父母与小孩。这就好像我们大概不会认为隔壁老王发生婚外情之后,在不影响邻居的情况下,也应该跟他的邻居道歉吧。

(三)公众人物何时该向社会大众道歉

但是,我们是否真的无法要求公众人物道歉呢?其实也未必。我们时常看到许多公众人物帮各种产品代言,比如说,有些公众人物通过自己好父亲、好丈夫等形象,代言保险、奶粉、尿布等与其形象相关的产品。这些公众人物是通过自己的形象获得代言机会,然后赚取金钱,因此,一旦他们发生丑闻,使其代言产品所仰赖的形象崩坏,他们就应该向许多人道歉;除了向他们代言的厂商道歉之外,还必须向基于他们的形象而购买产品的人道歉。假设这个产品的使用对象是社会大众,这时此位公众人物似乎就应该向社会大众道歉了。

最后,除了上述的说法外,我们还可以有什么理由,主张公众人物做出违反社会主流道德观的行为之后,应该向社会大众道歉呢?虽然先前我反驳了"足够的影响力"可以作为理由,但是我的反驳真的成立吗?是否还可以有其他说法加以回应呢?读者可以再想想看。

问题四 机器人可不可以有人权

科幻电影一直有许多的支持者。除了精彩的动画与磅礴大场面之外,许多科幻电影还蕴含了丰富的哲学性。在这一节,我想透过科幻电影的内容,讨论一下机器人与人类之间的关系。在电影《机器管家》(*Bicentennial Man*)中,罗宾·威廉姆斯(Robin Williams)所饰演的机器人管家安德鲁是一个特殊的机器人,他装设有"情感芯片",拥有与人类相似的情感。安德鲁拥有好奇心,而且他渴望自由,甚至在陪伴了小女主人多年之后,对小女主人产生了感情。这种感情或许未必是爱情,但至少是一种很真切的情感。在电影中,随着时间流逝,安德鲁愈来愈接近人类了。他动手术让自己的外表变成人类,甚至将自己的机器构造转换成人造器官。到了最后,安德鲁甚至会因为身体老化而死亡。

整部电影的主线就围绕着"变人"两个字,描述安德鲁如何透过各种努力,尝试变成一般人类,并且渴望获得认同。我相信看过这部电影的人,很难否认安德鲁最后真的变成人类了,毕竟他在各方面几乎都跟人类没有差异。从这部电影出发,要回答机器人能不能够拥有权利,我们必须先厘清机器人与人的差别究竟在哪里,以及这个差别一旦消除,是否就允许我们将机器人视为人。

(一)机器人与人的差别

机器人与人的差别在哪里?首先,我们大概不会认为差别在人类是肉做的,机器人不是。毕竟在科技发达的现在,有各式各样的人造器官帮助我们生存。尽管这些人造器官大部分不是肉做的,我们也不会因此认为装设人造器官的人不算是人类。

我想,最多人会想到的答案应该是"机器人没有心灵",意思是说,机器人没有办法跟人类一样拥有心理特征。举例来说,机器人不具有情感,没办法爱人与恨人;机器人不具有知觉,没办法感受到各种感官经验;机器人没有自由意志,无法做出选择;机器人没有自我意识,无法感受到自我。

❋ 他心问题

上面的描述似乎暗示了如果机器人没有心灵,就不能被视为人类。但是,我们真的能够这么精确地掌握谁拥有心智能力吗？哲学上有个知名的问题叫"他心问题"（the problem of other minds），这个问题大概是说，我们实际上没有任何直接的方法，得以判断自己以外的生物（包含其他人）是否拥有心灵。到目前为止，我们都只是间接地判断其他人拥有心灵而已。为什么是间接地？因为当我们说别人拥有心灵时，我们的证据几乎都是通过与别人相处，别人可以适当地回应某些行为，或者可以与我们沟通而得来。换句话说，我们只能仰赖这些间接证据推论对方拥有心灵，而没有直接的证据，因为我们无法直接感受到别人的心理特征（除非某种窥视内心的超能力真的存在）。

❋ 图灵测验

英国数学家**艾伦·图灵**（Alan Turing）曾经提出一种鉴定机器是否会思考的方法，这个方法被称为"**图灵测验**"（Turing test）。测验的内容如下：准备一个正常人 A 与一台机器 B 作为对话的对象，另外一个人 C 要同时与 A 和 B 对话。在对话过程中，C 没有办法看到对方是人类还是机器。如果在一段时间的对话之后，还是没办法分辨出哪一个是机器，那么这台机器就通过图灵测验，是一台会思考的机器。

我们可以将这个测验做些修改：假设你的面前有两个人 D 与 E，这两个人都有人类的外表，但其中一个是机器人。在与他们相处了一段时间后，你依然无法区分出哪个是机器人，如此一来，机器人就通过了图灵测验。这个测验的目标在于如果我们无法区分哪个是机器人，我们要如何真正地判断其中一个拥有心灵，另外一个没有呢？如果我们无法做出这样的判断，好像就没有良好的理由说其中一个可以享有权利，另一个则否。因此，假设"他心问题"一直没有被解决，而且机器人又可以通过上述的图灵测验，那么我们还能够放心地认为机器人没有心灵吗？

❋ 中文房间论证

美国哲学家**约翰·瑟尔**（John Searl, 1932— ）曾经给出著名的"**中文房间论证**"（the Chinese Room Argument），这个论证的大意是说：一台机器就好像是一个房间里住着一位美国人，这个美国人可以通过事先设定好的中文指令大全（类比机器的程序），适当回应外面给出中文指令的人（类比与机器沟通的人）。尽管彼此间可以顺畅沟通，但这不代表美国人就因此了解中文。换句话说，可以通过图灵测验，依然不代表机器就理解这些指令的内容；机器事实上还是缺乏思想能力。如此一来，透过中文房间论证，我们好像就不能主张通过图灵测验的机器人拥有心灵了。

中文房间论证对许多人来说是十分具有说服力的论证，但是，这个论证真的这么坚不可破？还记得我们曾经说过，"他心问题"是一个目前在哲学上无解的问题。因此，中文房间论证看起来虽然很吸引人，但对手或许还是可以主张这个论证已经犯了丐题的谬误。怎么说呢？这个论证已经预设了"房间里的美国人不懂中文"，最后当然会推论出"房间里的美国人不懂中文"这个结论。

或许通过图灵测验的机器人，根本不像中文房间论证所建构的那样，说不定这些机器人真的可以通过足够精密的设计而理解指令。既然我们无法直接确认机器人是否拥有心灵，瑟尔就无法理所当然地主张，他的论证精确地捕捉了图灵测验的原理。

最后，我要将这一节的讨论用两个问题结束，第一个问题是：你们认为有没有什么方法，可以绕过"他心问题"来判断某个对象是否拥有心灵呢？接着，心灵一定是拥有人权的必要条件吗？举例来说，如果有些人的心智能力受到严重伤害，因此丧失了心灵，这些人会因此失去人权吗？这些都是读者们可以再往下思考的问题。

问题五　恐龙法官真的很"恐龙"吗

"恐龙法官"是中国台湾新兴的一个名词，用来描述那些坐在法院里面高高在上，却与现实严重脱离的法官。这个名词的起源自二〇一〇年的一起女童遭受性侵事件。在这个事件中，六岁女童坐在被告的大腿上被性侵，检察官起诉被告时，以"加重强制性交罪"起诉，但是法院认为根据被告与证人的口供，女童对于被告的行为没有表示抵抗，因此不满足"强制性交罪"的构成要件。如此一来，当然不可能以"加重强制性交罪"起诉，于是改以"与未成年人性交罪"轻判。

这起事件在当时引发了轩然大波，不论新闻媒体还是政论节目，都针对这个事件开设不少专题讨论，也直接引发了接下来的白玫瑰运动与相关法条的修改①。从众多的讨论中，我们可以发现这个事件最关键的部分，在于法官对法条的诠释。当时的"强制性交罪"有许多构成要件，其中一个构成要件是"违反被害人意愿"。当时的法官认为根据证据，小女孩的主观意愿没有被违反，因为小女孩没有表达反抗与哭闹。既然不满足构成要件，就无法以"强制性交罪"起诉。

由于这起判决，该时的法官被冠上"恐龙法官"一词，因为民众认为他的思想太过僵化，对于法条的诠释与理解太过古板，就像活在古代一样，完全脱离现实社会的脉络。这种对法官的攻击是有道理的吗？

（一）女童的意愿有没有效力

首先，我们要厘清一点，在这个案件里，六岁女童的意愿有没有效力？"有没有效力"的意思是指，假设在这个案件中，六岁女童明确表示了自己的意愿，我们是否会将此意愿纳入判刑的考量？如果女童的意愿具有效力，那么这个案件可能没什么好谈的了②。因此，我们应该谈谈为什么女童的意愿没有效力？

我相信在这个案件里，六岁女童的意愿是无效的；就算女童表示自己愿意这么做，依然无法算是自愿。为什么呢？原因在于女童无法了解何谓"性的社会意义"。性行为不只是一种单纯的行为，此行为在社会上被赋予许多

---

① "强制性交罪"修法的方向朝移除"违反意愿"构成要件前进，草案修订为"对于他人以强暴、胁迫、恐吓、药剂或其他相类之方法，而为强制性交者，处五年以上有期徒刑"。当然这样的修改方式可能会有其他问题，不过这不是本文的主轴，因此略而不谈。
② 如果女童的意愿具有效力，而案件中女童的意愿是不抵抗，似乎就没有可以攻击法官的地方。因此，我们应该主张女童的意愿根本不重要。

意义，比方说，性行为代表自己对于身体的掌控权，自己可以决定是否要与他人发生性关系；此外，许多人认为性行为是一种承诺与责任；或者，有些人认为性行为代表全心地付出；当然，也有些人认为性行为仅是一种身体活动。先不论这些社会意义是否有道理，我们无法否认这是一种社会事实。当一个人了解这些社会事实之后，非常有可能因此决定此人对于性行为的态度。换句话说，一个人要真的能够自主决定是否要与他人发生性关系，很大程度取决于此人对于性行为意义的理解。

通常，我们不会认为女童对于性行为的意义可以有任何足够的理解。我相信对女童来说，性行为可能跟跌倒没有太大的差别，同样都是身体会有点痛、可能会流血等。因此，在女童根本不了解何谓"性行为"的情况下，我们当然不会认为女童的意愿是有效力的，毕竟，一个人对自己完全不了解的东西，如何真的表达愿意或者不愿意呢？

（二）法官的判决有没有问题

假设我们都同意女童的意愿没有效力，那么，我们是否就可以因此攻击法官的判断有问题？或许还是没有这么容易，让我们来看一下强制性交罪的现行条文：

> 对于男女以强暴、胁迫、恐吓、催眠术或其他违反其意愿之方法而为性交者，处三年以上十年以下有期徒刑。

根据上述的法条，假设我们都同意不需要考量女童的意愿，那么结果就是法官依然没有办法从这个事件中，找到符合强制性交罪的构成要件，因为在这起事件中，没有证据显示女童受到强暴、胁迫、恐吓以及催眠等行为。如此一来，我们真的有好理由指控法官吗？

法官在社会上所扮演的角色，应该是能够公正地做出判决。这里的公正不是指社会大众所认定的公正，因为那很容易变成一种民粹。法官所遵循的公正，是要能够公正地将法律应用在每一个人身上。换句话说，我们期待法官能够公正地依法执法。法官严格遵守法条的规范，不能够基于个人情感与外界压力，擅自修改或诠释法条，这不才是我们希望法官能够扮演的角色吗？

尽管如此，民众是否就不能够在这次事件中感到愤怒了呢？还是可以的。民众的愤怒可以让我们思考两个面向：首先，如果有其他罪名更符合此案件中被指控者的事态，并且在刑责上更符合我们的认知，那么民众应该责备的是检察官没有使用更适切的罪名来起诉；再者，如果在这次的案件中，考虑现今法律不存在更适切的（更符合此行为的）刑责，使得法官只能用较轻的罪名判刑，在这种情况下民众应该将对象转向法律本身。但是，不管在哪种情况下，将法官视为愤怒的对象都是不够合理的。

民众的愤怒可以是有道理的，这里的"有道理"，并非指民众对于法条该如何修改的意见是正确的，而是指民众的愤怒可以合理地被理解。民众可以合理地质疑法条，或许罚则太轻，或许法条内容不够完善，这些都足以让民众合理地愤怒。只是，当我们在愤怒时，要好好思考我们期望改变的对象，到底是那些严格遵守法条的法官，还是那些制定可能不够周详的法条？或许，与其称呼这些法官为恐龙法官，不如称呼某些法条为"恐龙法条"还更为贴切。

问题六　人可不可以自杀

人到底可不可以自杀？首先，这个问题如果这样问，可能非常不清楚，因为我们没有事先设定"可不可以"的意思是什么。有些人可能会想："可以啊，什么笨问题，刀子一抹就自杀了。"这确实是一个回应方式，这种回应方式将"可不可以"理解成"**有没有能力**"。又或者，可能有些人会说："当然不可以啊，法律规定不能自杀。"这种回应则是将"可不可以"理解成"**有没有违背法律**"。不过，我们在这一节讨论这个问题，想问的不是我们有没有"能力"自杀，也不是想讨论"法律的规定"。在这一节，我们谈道德。到底自杀这个行为本身是否违背了道德要求？或者说，是否有一些道德原则要求我们不能够自杀？

（一）自杀一定不道德吗

有些哲学家尝试为"自杀"这项行为建构正当性，他们认为在某些情况下，自杀不会是一件违背道德的行为。他们怎么论述这一点呢？首先，他们认为我们应该同意，对某些人来说，活着比死亡更痛苦。举例来说，有些人生了重病（例如癌症末期、脊椎受伤而全身瘫痪者），生活不能自理，生命失去了最基本的尊严。同时，以目前的医疗技术判断，在死亡之前都没有痊愈的机会。在这种情况下，对这些人来说，提早死亡会比等待死亡来得更不痛苦。接着，在满足前项条件的情况下，如果此人的死亡（1）不会违背他的意愿，（2）不会使世界变得更糟，那么此人的自杀不会是道德上错误的。

这是一个后果论式的论证，完全从自杀的结果去判断自杀是否会违背道德原则。我们大概不会反对，在某些情况下，某人的自杀行为确实可以符合上述那些要件。我们可能也会认为，在这种情况下，自杀确实是一种在后果上最佳的选择。但是，我们真的可以认同这种后果论式的说法吗？

（二）生命的内在价值

对许多人来说，自杀所带来的后果，跟道德上能不能自杀完全是两件事。他们认为生命本身就是一个具有内在价值的东西，一旦生命受到剥夺，就是一种道德上的错误[①]。因此，就算自杀会带来好处，也不能用来支持自杀没有违背道德原则。

不过，我们真的认为生命本身的内在价值这么重要吗？让我们把这样的想法再做一些延伸。假设生命的内在价值这么重要，那好像意味着不管怎样的生命，我们都应该保存下来；如果没有竭尽所能保存生命，我们就犯了道德上的错误。如此一来，当一位孕妇因为某些原因而造成流产时，我们似乎得要斥责这位孕妇不道德，因为他们没有保存一个具有内在价值的生命。同样地，当我们通过产前检查，发现一个即将出生

---

① "内在价值"意指"本有价值"，此价值不是基于其他理由而产生。生命具有内在价值，意思是说生命的价值正是来自于"生命"本身，不是因为生命可以带给我们什么其他好的东西。

的新生命患有重度残缺，出生后顶多只能活一个礼拜，而且这个礼拜内会经历极大的痛苦，我们也不能够在出生前就将此生命剥夺，因为这样做也是不道德的。

对许多人来说，我们大概不愿意去责备小产的孕妇；同样地，我们大概也宁愿事先剥夺重度残缺新生儿的生命，也不愿让他们出生，到这个世界上来受苦。对我们来说，有些东西似乎比生命的内在价值更重要。

（三）生命的终极目标

另外有一些人主张，自杀在道德上当然是错误的，因为所有生命的终极目标都是"自我保存"，而自杀违背了这项目标。违背生命终极目标的行为，就是一种道德上的错误。这种说法有难以理解的地方，即为什么生命的终极目标是"自我保存"呢？这个目标是谁设定的？或许对于有些人来说，终极目标是"自我保存"，但是对整个人类看起来未必适用？假如"自我保存"真的是人类的终极目标，那么我们很难想象怎么还会有人愿意自杀呢？对某些人来说，"自我保存"显然不是他们生命最重要的目标与价值。接着，就算我们同意生命的终极目标是自我保存，但是我们不见得同意"违背生命终极目标的行为，就是道德上的错误"。举例来说，当意外发生时，许多父母亲宁愿牺牲自己的生命，也要保护自己的小孩。这些父母违背了他们生命的终极目标，但是我们不会认为他们做出了道德上错误的行为，反而会赞扬他们有高尚的道德情操。

（四）当自杀行为变成一种普遍现象

还有没有其他的可能，主张自杀是道德上错误的呢？我认为还有一种可能的说法。假设我们同意，在某些情况下，自杀对自杀者来说是更有价值的选项，同时这选项不会违背此人的意愿，也不会使得这世界变得更糟。然而，这真的代表我们应该同意在这种情况下，自杀是不违背道德的吗？

我想未必。怎么说呢？我们可能可以同意，"个别"的自杀行为可以符合上述条件，但一旦我们认同了个别的自杀行为，使得自杀行为变成一种"普遍"现象，就非常有可能影响到这个世界及社会了。更精确一点说，某些人可能符合上述条件，其死亡对世界没有影响。可是一旦这些符合条件的人都选择死亡，世界可能因此遭受严重的影响。举例来说，假设世界是一个非常精密的机器，而每个人都扮演着其中一小块零件，任何单一零件的损坏都不会影响这台机器（马上可以有新的替补），可是一旦这些单一零件"共同"损坏，这台机器很可能马上就停摆了。

因此，同样根据后果论式的说法，如果我们允许这些符合特定条件的人选择死亡（而且不违背道德），一旦他们摆脱了道德枷锁，很可能因此造成不好的后果。如此一来，我们好像就不一定非得同意这些人的行为没有违背道德原则了，他们反而可能造成更大的灾难。

上述这种反驳，真的具有足够的力量吗？反对者有没有其他可能的回应呢？我想可能还是有的，但是我将停在这里。读者们可以思考，一旦我们认同后果论式的论证，自杀没有违背道德，真的一定会产生这种集体效应吗？还是说，只是"可能会"产生这种集体效应，就足够了？认为自杀犯了道德错误的人，还有没有其他说法？

问题七　堕胎有没有不道德

根据统计，中国台湾每年堕胎的人数可能高达五十万，几乎是中国台湾每年新生儿人数的三倍之多。有许多人将堕胎人数居高不下的原因，指向相关的限制太过宽松，导致想要堕胎的母亲几乎都可以找到堕胎的合法理由。在这一节，我们一样要撇开法律，专注于讨论"堕胎"的道德问题。从中国台湾这么高的堕胎人数来看，这项行为对许多人来说，似乎不是一件违反道德的行为。又或者，就算这是一件违反道德的事情，许多人却不是太在意。那么，堕胎到底是不是一种道德上的错误呢？

（一）非预期受孕是否可堕胎

我们大概都可以尝试找到一些理由，支持我们主张的人可以在某种情况下选择堕胎。比如说，当孕妇是因为受到强暴而受孕时，我们大概认为她可以选择堕胎；此外，当胎儿被发现有严重的身体缺陷时，我们或许也不会反对堕胎；又或者，当胎儿的存在影响母体的生命安全时，可能也是一种允许堕胎的情况。为了让所讨论的问题能够更集中，这里先假设我们同意上述这些情况是可以堕胎的。接着，让我们将问题转向"非预期受孕"，我相信这是最多数人面对的处境。而且，我们考量的生命是"胎儿"[①]。现在的问题是：在非预期受孕的情况下，是否可以选择堕胎？

❈ 胎儿算不算是人类

面对这个问题，最常见且最直觉的回应是：胎儿还不算是人类，所以堕胎不是道德上错误的，因为胎儿不拥有生命权。这个回应最关键的部分在于"胎儿不是人类"这一个宣称。因此，这个回应要能够成立，必须有好的理由说明为什么胎儿还不算是人类。我们大概可以设想一些理由，说明人类拥有一些特别的能力。比如人类具有理性思考的能力，这种能力使我们与动物产生决定性的差异；再者，人类拥有复杂的沟通能力，使人们可以互相协调个别的行为，以达到最安定的生活。或许某些动物也具有沟通能力，但是没办法像人类这样复杂、清楚。接着，人类有"自我"的概念，会将生活中接收到的感官经验归属到自己身上。有了自我的概念，人类才能规划自己的未来，以及拥有其他更复杂的心理特征，诸如动机、高阶的欲望[②]等等。

[①] 一般而言，"胎儿"意指在母体内成长而尚未出生的生命。大概从母亲怀孕九周后，会开始慢慢拥有大脑与四肢，此时被视为胎儿。在此之前，则被视为"胚胎"。

[②] 最低阶的欲望通常不需要经过思考，而是一种生物本能，比方说进食、生存等。高阶欲望则是一种对低阶欲望的掌控，举例来说，我们拥有"进食"的低阶欲望，但是我们也可能想要"减肥"，而"减肥"是一种高阶欲望，这种高阶欲望会使我们有能力控制低阶欲望。非人类的动物一般来说只能拥有低阶欲望，它们不具有对自己欲望的反思能力。

这些特征都是人类与非人类动物最关键的差别，只有人类能够拥有这些特征。接着，让我们反观胎儿。胎儿看起来似乎不具备任何一项上述特征，因此，我们好像有好的理由可以主张：胎儿还不算是人类。

但是，上述这些特征真的可以清楚划出人类与非人类的界线吗？胎儿确实不符合这些特征，可是我们也可以找到一些不符合这些特征，而我们确实认为是人类的例子。举例来说，某些病情严重的精神病患者可能没有理性能力、沟通能力以及自我概念；又或者某些植物人，大脑只剩下脑干具有正常功能。对我们来说，这些人还是人类，拥有生命权，我们不会认为自己能够任意剥夺他们的生命。如此一来，上述的理由似乎不够充分，没有办法真正划出人类与非人类的那条界线。

❋ 堕胎等于剥夺胎儿的生命权吗

那么，还有没有其他理由可以主张堕胎不是错误的呢？有的。有一派人士从女性对于自己身体的自主权出发，这一类主张的关键，在于堕胎这项行为并没有剥夺胎儿的生命权。从医学上来看，胎儿与母亲是两个生命，而母亲就像是一台营养供给器，提供胎儿必要的养分，让胎儿可以存活。堕胎并不是杀死胎儿，只是母亲将自己与胎儿分离，不再扮演营养供给器的角色。胎儿在离开母体之后死亡，是胎儿自己太过脆弱，无法靠自己生存在世界上，而非母亲将之杀害。因此，堕胎并没有剥夺胎儿的生命权，仅是拒绝提供必要的养分给胎儿罢了。接着，由于任何人对于自己的身体都有完整的自主权，因此，母亲当然也有权利拒绝提供自己的身体，给胎儿供应养分。在这样的描述下，堕胎只是一种"母亲行使身体自主权"的行为，而且不涉及"剥夺胎儿的生命"。在这种情况下，堕胎当然没有犯任何道德上的错误。

这样的说法看起来似乎具有说服力，如果堕胎行为只是母亲行使她的身体自主权，而且没有剥夺胎儿的生命，看起来好像真的没有犯道德错误。但是这样的说法在现实上真的成立？一般来说，一旦母体内的生命已经成长到"胎儿"阶段，能够堕胎的方式就变得很有限了。从现行的堕胎方式来看，除了"子宫切开术"①之外，其他几种堕胎方式②都是先让胎儿死亡之后，才排出体外。因此，如果上述的主张要有道理，母亲只能够使用"子宫切开术"堕胎，其他手术方式皆不可行。但是"子宫切开术"是一种怀孕后期的堕胎方式，胎儿必须成长到一定程度之后才适用（约十六周），这代表母亲如果想要堕胎，必须等到胎儿成长到足够大之后，才不会犯下道德错误。但是，这种方式在现实上真的能够为我们接受吗？

除了现实考量之外，从理论面来看，我们真的会同意母亲有权利拒绝供应胎儿养分吗？母亲如果有权利拒绝供应胎儿养分，那就表示母亲没有义务供应胎儿养分。但是，我们可以想想看，为什么胎儿会面临这么严苛的处境（没有母亲供应养分，就会死亡）？答案大概不难猜测，原因在于母亲怀孕之后，创造了胎儿的生命，也创造了胎儿必须面对的困境。如果胎儿的困境是母亲造成的，一般来说，我们似乎会认为母亲应该负起相应的责任，有义务帮助胎儿克服这个困境，就好像我们也会同意父母亲有义务抚养自己的小孩。

这一节我们只讨论了两个主张堕胎没有道德错误的论证，当然还有其他论证，读者们可以再想想看，是否有其他方式可以说明堕胎没有道德错误呢？

问题八 有不违背道德的战争吗

不管在哪个时代，"战争"时常是令民众感到不安的名词，其给社会带来的影响剧烈且长远。因此，除非不得已，否则战争一般来说都是国与国之间在解决冲突时的最后手段（为了简化讨论，我们先不讨论国家的内部战争）。

---

① 透过剖腹方式将胎儿取出，任其死亡。
② 诸如"扩张刮除术""真空刮除术""注射盐水""注射前列腺素"这些堕胎方式，都会在胎儿离开体内之前，先使胎儿死亡。

（一）三种立场

这一节我们要讨论的主题是战争的道德问题。一般来说，讨论战争的道德问题时，我们可能有三种立场，第一种立场主张"**所有的战争都会违背道德要求**"；第二种主张认为"**所有的战争都不违背道德要求**"；第三种则采取中间立场，主张"**有的战争不会违背道德要求**"。先让我们来看看这三种立场分别如何说明。

❀ 所有的战争都会违背道德要求

首先，针对第一种立场，一个可能的说明方式是：由于国家最重要的成员是人民，因此，国家应该把人民的意志放在最优先考量的层级。接着，不管是哪个国家，对于人民来说，群体生活最重要的目标就是**稳定的生活**，但战争必定会破坏稳定的生活。如此一来，战争不但会违背人民的意愿，也会造成人民的痛苦。因此，不管是哪种战争，都会违背道德要求。

上述这种说法从国家扮演的角色开始，接着认为"战争"不是人民期望国家做的事情，因为群体生活的目的事实上就是避免战争，所以主张国家发动战争是一种违背道德要求的行为。这样的说法有个最关键的预设，在于"群体生活的目的是避免战争"，但这个预设总是能够成立吗？我们知道，对于许多游牧民族来说，他们群体生活的目的有时候正是战争，与其他民族战斗，以此获得资源，才有办法确保他们的生活安稳。在这种情况下，我们似乎不会视这种战争为不道德的行为，因为他们之所以发动战争，只是为了能够生存。

❀ 所有的战争都不违背道德要求

第二种立场认为所有战争都不会违背道德要求。怎么说呢？因为战争的目标是**利益**，而国家本来就应该帮人民谋求福利，因此国家与国家之间没有所谓的道德问题，只有利益问题。一旦战争能够获得利益，国家就可以发动战争。这种观点最早可以追溯到霍布斯的政治哲学立场，以霍布斯的观点来看，国家之间处于自然状态，自然状态中的个体可以为了"生存"而不择手段，因此，在自然状态中没有所谓"不正义"的行为。既然没有不正义的行为，发动战争当然就不会违背道德要求。

然而，我们真的可以认同国家之间只要是为了利益，就可以发动战争吗？有没有可能发动战争反而无法获得利益，而真正能够获得利益的反而是互相合作呢？我们都知道战争的代价十分巨大，尤其现代武器的威力不是早期可堪比拟，任何一场战争的后果都可以造成永久的损害。如此一来，战争似乎未必能够达到预期的目标。再者，一旦以利益作为战争合理性的优先考量，各个国家彼此将会失去信赖，造成国与国之间关系紧张，人民永远会处于紧绷状态。在这种情况下，发动战争或许才是对国家最不利的一种选项。

❋ 有的战争不会违背道德要求

这么一来，我们或许会同意第三种立场，认为有些战争符合道德要求。假设我们接受第三种立场，第一个要问的问题就是：什么才是符合道德要求的战争？换句话说，要满足哪些条件，我们才会认为这场战争符合道德要求？一般来说，这类立场的支持者认为，确实有几个条件必须被满足。

第一个条件是**发动战争的国家必须是合法的政权**。合法政权通常有几个条件：首先，这个政权必须受到国际社会的认可；接着，要能够尊重其他合法政权的权利；最后，要尊重国民的基本人权。

第二个条件是**发动战争的国家必须基于正当理由**。举例来说，战争是为了反抗他国的侵略，或者是人道的武装救援行动。

第三个条件是**战争得是最后的手段**。如果有和平解决冲突的方式，就不可以选择战争。上述这些是最主要的理由，当然我们还可以设定其他比较细节的理由，比如战争必须有打胜的机会，否则只是一种自寻死路的行为。还有，攻击的对象必须是战斗人员，不能以百姓为目标等等。

（二）恐怖主义真的不道德？

符合道德的战争条件看起来是严苛的，在现实世界中，这样的战争是否真的能够存在？我们知道，自从"九一一"事件后，美国就曾打着正义的口号，发动不少次的战争。美国攻打阿富汗的口号是为了打击恐怖主义，发动伊拉克战争的原因是避免他们研发核武器。后者可能还有些疑虑，但前者对许多人来说（尤其对美国人来说），确实是符合正义的一场战争，毕竟恐怖主义攻击的对象向来都是普通老百姓，而攻击无辜老百姓被认为是一种不道德的行为。

但是，恐怖主义在道德上是否必定是错误的呢？曾经有恐怖主义者这么认为：他们之所以发动恐怖攻击，也是一种最后手段，因为他们认为自己的文化受到他国强势的侵略，但他们没有能力发动国家级的战争，因为武力相差太过悬殊，战争没有任何胜算。如此一来，他们只能诉诸恐怖攻击，以让对方知道自己的立场与态度。再者，为什么他们要以百姓为恐怖攻击的对象呢？第一个理由在于以他们的武力，攻击对方的武装人员是十分没有效果的行为，无法达成"威吓对方"这个目标。其次，他们认为百姓也并非完全无辜，当这些百姓眼睁睁地看着他们的国家对弱势国家展开文化侵略，或者政治操作，而没有任何作为去反对这种不正当的行为时，这些百姓也成为了共犯。因此，对他们来说，恐怖攻击并不是一种不道德的手段，而是他们为了自己的国家，所能采取的唯一手段。

这样的说法是否能够合理化恐怖主义呢？还是说，我们应该主张攻击普通百姓在道德上永远都是错误的？如果是的话，我们必须有足够好的理由，反驳那些视恐怖攻击为最后手段的人，并且告诉他们，这并非最后的手段，而是一种绝对不能采取的手段。但是，如果恐怖主义是种绝对不能采取的手段，那么对于身处武力上绝对弱势的国家来说，他们还可以怎么避免侵略？这些都是我们在讨论战争的道德问题时，必须一同设想的问题。最后，看了这一节的简短讨论，读者们也可以想想看，针对这些问题，你认为答案应该是什么？

问题九　我所存在的世界是真实的吗

我所存在的世界是真实的吗？这个问题看起来好像很奇怪，我们一般会认为这个世界当然是真实存在的!地球是太阳系中的一颗星球,我早上刚喝过豆浆、吃过烧饼,太阳每天都会东升西落,今天晚上甚至还有职业棒球的总冠军赛呢。这些生活中的事物当然都是真实的,怎么会是假的呢?确实,对我们来说,这些通过我们各种感官获得的经验与感受,好像都在告诉我们这些事物的真实性。但是,这些经验真的可以证明世界是真实的吗?当我们说这些东西是假的,又是什么意思?

(一)《黑客帝国》的虚拟世界

相信大家对于电影《黑客帝国》(*Matrix*)应该不会太陌生,这部电影正是要告诉我们,我们习以为常的真实世界,似乎不再是那么真实了。男主角尼欧(Neo)原本只是一个平凡上班族(外加计算机黑客),直到有天碰见莫菲斯(Morpheus)之后,他的世界观有了剧烈的变动。莫菲斯告诉尼欧,他所处的这个世界是个虚拟的世界,是被机器人透过电子仪器所创造出来的数位世界。这些机器人将人类放在一台类似培养皿的机器里,然后用电线连接人类的大脑神经,透过一连串电流刺激大脑,让人们产生出一个虚拟的世界观。由于大脑被电流刺激后,所产生的虚拟经验与真实经验没有任何差别,因此在这个世界观中的人们并不知道自己被机器所豢养,也完全没有察觉到这一切都是假的。

或许有人认为,这只是科幻电影的剧情而已,现实生活中不可能会有这种事情发生,所以我们根本不必担心这个问题,我们一定不会像电影描述的那样被机器人操控,生活在一个虚拟的世界中。上述说法可能是对的,但是,我们要如何"证明"我们不是生活在一个虚拟的世界呢?

(二)如何证明我们不在虚拟世界

早从笛卡尔开始,这种怀疑世界真实性的想法,就一直是许多哲学家讨论的对象。笛卡尔通过"**梦**"及"**恶魔**"说明上述这种情况的可能性。我们大概都有这样的经验,当我们在做梦时,我们时常无法区分到底是在梦中的世界,还是在真实世界。又或者,当我们以为身处于真实世界时,其实是一个神通广大的恶魔在欺骗我们,让我们误以为我们所面对的世界是真实的。这一类想法在哲学上被称为**"怀疑论"**(Skepticism)。东方当然也有类似的想法产生,比如在道家经典《庄子》的《齐物论》中,庄子透过"庄周梦蝶"这个故事,说明梦境与现实世界之间有难以区分的模糊地带。

❋ 桶中脑

到了现在,怀疑论当然也有比较现代的版本,也就是著名的"桶中脑"(Brains in vats)论证。这个论证由一个思想实验开始,试想类似于《黑客帝国》的剧情,我们每个人都只是一颗放在桶子里的大脑,疯狂科学家通过各种电线刺激大脑,因此产生所有我们感受到的经验。举凡我吃到的食物、看到的风景、闻到的味道、听到的声音等,全都是电流刺激大脑后带给我的虚拟经验。最重要的是,这些虚拟经验跟真实经验完全一样。现在问题来了,在这种情况下,我们有什么好理由可以主张我们不是放在桶中的大脑呢?

我们大概不能够通过感官经验证明这件事,为什么呢?如果说我们的经验有可能是虚拟的,而我们又没法区分虚拟经验与真实经验(因为两者带给我们的感受一模一样),那么我们就没有办法用经验证明世界的真实性。麻烦的是,人类对于外在事物的认识,似乎只能通过各种感官经验。换句话说,如果感官经验变得不再可靠,那么,我们还有可能有其他方法,可以证明我们不是桶中脑吗?

❋ 帕特南的论证

哲学家帕特南(Hilary Putnam)认为,我们还是有办法证明我们不是桶中脑。在讨论帕特南的论证之前,让我们先来整理一下"桶中脑论证":

〈桶中脑论证〉

1. 我有可能是桶中脑。(前提一)
2. 如果我能判断我是桶中脑,我就能判断外在世界是假的。(根据事实)
3. 如果我不能判断我不是桶中脑,我就不能判断外在世界是真的。(根

据事实）

4.如果我是桶中脑,我透过电流接收到的虚拟经验与真实经验是一样的。（根据假设）

5.我没办法透过经验区分我是不是桶中脑。（根据4）

6.除了感官经验,我没有其他方法判断我是不是桶中脑。（前提二）

7.如果我没办法判断我是不是桶中脑,我就没办法判断外在世界是不是真的。（根据2、3）

8.我没办法区分外在世界是不是真的。（根据5、6、7）

9.我不知道外在世界是不是真的。（根据7）

根据这个论证，我们得出的结论是：我们不知道外在世界是否为真。这个论证看起来是有效论证，意思是说，如果这个论证的前提都是真的，这个论证的结论就会是真的。

这个论证的前提都是真的吗？帕特南的答案是否定的，他认为前提一是假的。帕特南对于"前提一是假的"这个主张给出一个颇复杂的论证，在这里我将以精简的方式说明，对相关内容有兴趣的读者，可以自行上网搜索。

帕特南认为前提一是假的，我们不可能是桶中脑。为什么呢？他认为，当我们在使用语言或思考时，我们的语言及思想必须真的指涉到某些东西，并且与这些东西建立某种因果对应关系，此时我们才能说是真正地在"使用"语言，或真正地在"思考"。举例来说，当我看到一张桌子在我面前，我说（或者想）有"一张桌子在我面前"，这时我的语言与思想指涉到了某个东西（我面前的桌子），而且这张桌子与我的语言（或思想）通过因果关系而有了连接（因为我看到了这张桌子，所以我这样说或者这样想）。为什么建立连接这么重要？让我们设想一下，假设有只小猫走过我的笔记本电脑，脚踩上键盘，正好使我的计算机荧幕出现"我爱你"三个字，我们不会真的认为这只小猫是在"使用"语言或思想表达它爱吧，因为这三个字所代表的意思，跟这三个字本身没有因果连接，因此，不会真的让我们觉得这三个字"意有所指"。

帕特南认为,如果我们无法在两者间建立因果关系,我们就不是真正成功地使用语言(或思想)来指涉某个事物。让我们回到桶中脑的例子,假使我们是桶中脑,当我们说(或者想)我们是桶中脑时,我们所使用的语言与思想无法跟真正的"桶子"或"脑"建立因果关系,为什么呢?因为假如我们真的是桶中脑,我们的语言与思想就只是一连串的电流,而不是真正的"意有所指"。如此一来,我们就没有真正地在使用语言或思考。换句话说,如果我们真的是桶中脑,我们就不可能真正地谈论或思考我们是桶中脑,因为我们的语言与思想无法指涉到我们真正想要谈的东西。

看完这个简短的说明之后,你认为帕特南的想法有道理吗?他真的解答了我们对于桶中脑的困惑吗?还是说,他其实没有真正解答,只是把问题给取消了?不论如何,怀疑论在目前依然被许多哲学家所接受。因此,如果怀疑论无法说服你,就想办法找个论证击败它吧!

问题十　恶法算是法律吗

我相信,对于一个曾经反思过法律本质的人来说,大概都有类似的困惑:有时候,当我们面临或者听闻某些法条的内容时,我们会觉得这个法律本身好像是邪恶的,比方说:纳粹法。如果这个法律本身是邪恶的,我们还能够视其为法律吗?还是说,那就不算是法律了呢?要回答这个问题,我们必须将目标转为更根本的问题,也就是"法律的本质"。法律的本质是什么?当我们回答这个问题后,我们才可以开始来看看,恶法到底算不算是法律。

(一)描述性的宣称、规范性的宣称

在开始我们的讨论之前,我要先做一些区分。在哲学上,我们谈论事物时会区分"**描述性的宣称**"以及"**规范性的宣称**"。描述性的宣称指的是我们对于一个事物的描述,或者我们对于这世界某些事实的描述,描述时不涉及任何价值判断。举例来说,当我说"桌上有一个苹果"时,我只是在描

述一项事件；又或者我说"老师说明天要交作业"时，我只是在描述老师说过这句话。

规范性的宣称不同于前者，它同时具有规范力。当我们做出这一类宣称时，不是在描述世界的状态或事实，而是在宣称某些东西应该被实践。举例来说，当我说"小明不应该欺骗别人"时，不管小明是否欺骗了他人，小明都不应该欺骗别人。换句话说，规范性的宣称与世界的状态没有必然的关联。

（二）法律的本质

做出这样的区分之后，我们可以开始进一步谈论法律的本质。当我们要讨论法律的本质时，我们在做的是一种描述性的宣称；也就是说，我们讨论的是法律在这个世界上，是怎么样的一种状态。

先让我们从最基本的地方谈起，我们大概都同意，法律是通过许多规则所共同展现的一个东西。但是，我们大概也都同意，只有规则还不足以成为法律。举例来说，黑社会的帮派中也会有许多规则，但是很显然地，我们不会认为那些规则是法律。那么，到底法律规则与黑社会规则之间的差异是什么？关于这个问题，在法律哲学上有两大阵营，一个被称为"**自然法论**"（natural law theory），另外一个被称为"**法实证论**"（legal positivism）。

❋ 自然法论

对于自然法论者来说，黑社会规则与法律规则之间最大的差异，在于规则是否具有道德基础。对自然法论者来说，法律本身必定跟道德有某种程度的连接。与道德有连接的意思是指，一条规则要成为法律，要么是被某些道德原则所支持，要么就是能够实现某种道德目的。换句话说，自然法论者认为法律必定以道德为基础；一条规则如果不正义、违背道德规则，就不能算是法律。

❋ 法实证论

法实证论者对于法律本质的看法则不同，他们认为法律规则与黑社会规则的最大差异，在于黑社会规则只有一阶规则，但法律规则本身除了有**一阶规则**之外，还存在**二阶规则**。什么是一阶规则、二阶规则？我们可以这样理解，一阶规则规定的对象是"人"，限制了人们可以做与不能做的事。二阶规则规定的对象是"一阶规则"，说明了我们应该怎样制定一阶规则。举例来说，在法律系统中，程序法就是一种用来说明某些法律应该怎样被制定的法律。

显然，黑社会规则不存在二阶规则，一切都是老大说了算，老大制定规则时，不需要受到二阶规则的束缚。但是一般的法律不同，一般法律在制定时必须受到二阶规则的束缚。举例来说，宪法也可以被视为二阶规则，在宪法条文中规定，我们制定的法律不能够侵犯基本人权，这是一种对于法律制定的限制。

对于法实证论者来说，某些法律虽然以道德为基础，但这不是法律的必要条件。因此，就算有些规则不是以道德为基础，也无法满足某些道德目的，只要这些规则是通过人们认可的制度建立出来，这些规则也可以被称为法律。换句话说，自然法论者认为法律必定蕴含道德，法实证论者则反对这样的观点。对于法实证论者来说，人们普遍认同的规则，就足以被视为法律。

（三）恶法算不算是法律

接着，我们可以来回答一开始的问题了。恶法算不算是法律？如果说这里的"恶法"指的是不正义、违背道德且没有道德目的的法律，那么对于自然法论者来说，恶法当然不能被视为法律，因为恶法没有满足法律的必要条件。但是，对于实证论者来说呢？那就不一定了。假设这条被认为是恶法的规则，乃是透过社群中人们所接受的二阶规则所制定出来，这样的恶法依然有可能算是法律。

或许有人会对法实证论有这样的疑虑：如果恶法依然算是法律，不就代表我们要去遵守这条法律吗？这样的疑虑是可以理解的，不过，到目前为止我们还不用担心这个问题。就如先前所说的，我们谈论的是法律的本质，这是一种描述性的宣称。因此，当我们认同一组规则是法律时，并不代表我们就"应该"遵守这组规则,因为我们是否应该遵守法律是规范性的问题,而非描述性的问题。

因此,尽管法实证论者可能会主张恶法算是法律,这并不会蕴含我们应该遵守恶法。事实上,多数的法实证论者并不主张我们有守法的普遍义务[1],他们不会仅因为一组规则是法律,就主张我们应该遵守这组规则。

上述这两种立场,在法律哲学中有许多的论述,甚至可以说是法律哲学领域中最经典也最广泛的争论。如果读者对这部分有兴趣,不妨上网查询一下相关资料吧。最后我想要问一个问题:这两种立场本身可能遭遇哪些困难呢?

---

[1] 守法的普遍义务是指,身为"法律"这个事实,本身就给予我们理由去遵守它。换句话说,主张我们有守法的普遍义务的人,会认为只要是法律,就有义务遵守。

3分钟重点回顾

1. 一般来说,哲学最大的贡献不在于解决问题,而在于分析问题,以及提供可能的思考方向。

2. 动物权时常被人们用来要求我们应该吃素,但"动物权"本身是个非常模糊的概念,其适用范围与权利内容,还需要大量的说明与厘清。其中一个关键部分,在于我们要怎么去说明人类与动物之间的权利与义务关系。

3. 支持死刑存在最普遍的两种立场,分别是应报论与后果论。前者认为死刑是某些罪犯应该接受的惩罚,只有这种惩罚才能够让正义实现;后者则是以死刑的吓阻力作为支持死刑的原因。

4. 在死刑议题中,最关键的问题在于厘清死刑本身是否能够是惩罚的一个选项。因为对许多人来说,惩罚的手段还是有其限制。

5. 公众人物感情出轨是否该向大众道歉,其关键在于出轨行为是否破坏了公众人物所应扮演的角色,以及公众人物是否通过这样的角色获得利益。

6. 自杀有没有犯下道德错误?有些人认为在某些情况下,自杀不会影响任何人,因此不会犯下道德错误。这种采取后果论的观点是把双面刃,因为反对者也许可以通过后果论的观点,说明自杀确实会影响他人。

7. 堕胎的道德问题,通常是从胎儿的生命权出发。支持堕胎行为是道德错误的人,主张堕胎违背了胎儿的生命权。反对者的策略可以从反对胎儿拥有生命权出发,也可以从堕胎没有违背胎儿的生命权出发。

8. 对许多人来说,"中立性"是媒体应该谨守的一个必要条件。但是,如果我们在描述事件时无可避免地必须采取某种角度,"中立性"似乎就变成一种不可能达到的条件。或许,媒体更重要的价值在于"多元性"。让更多元的声音能够被听见,才是媒体最应该保有的美德。

9. 对于战争的道德态度,可能有三种立场:所有的战争都违背道德要求、所有的战争都不违背道德要求、有的战争不违背道德要求。

10. 恐怖攻击时常被视为一种不道德的攻击行为,因为其目标通常是非战斗人员。但是,如果恐怖攻击是武力弱势国家能够采取的最后手段,我们还能如此理所当然地斥责他们吗?

11. 根据桶中脑论证,我们好像没有办法证明我们的感官经验都是真的。如此一来,我们好像就得说我们不知道外在世界是否真实存在了。

12. 帕特南对于桶中脑论证的反驳,建立在语言与语言指涉对象之间的关系上。如果语言与其指涉对象没有建立适当的因果关系,那么我们就没有成功地使用语言。

13. 对于"法律的本质"这个问题,哲学上有两大阵营:自然法论与法实证论。

14. 自然法论者认为,法律必定要以道德为基础;法实证论者反对这样的观点,认为法律可以与道德无关,人们普遍认同的规则也可以成为法律。

Day 5
哲学语录

只有死者才能看到战争的终结。——柏拉图

我们是法律的仆人,以便我们可以获得自由。——西塞罗

何必为了生命中的一部分而哭泣?生命本身就是可泣的。——塞内卡

自然赋予人类对于幸福的欲望与对于不幸的憎恶。——洛克

精神胜过武力。——拿破仑

什么是心灵?不是物质。什么是物质?我丝毫不在乎。——贝克莱

没有运气这回事;一切无非是考验、惩罚或补偿。——伏尔泰

自由不是想做什么,就做什么;自由是教你不想做什么,就可以不做什么。——康德

人生就是一团欲望;欲望得不到满足便会痛苦,得到满足后便会无聊。——叔本华

最高的法律是良心。——雨果

没有无权利的义务,也没有无义务的权利。——马克思

只有整个人类的幸福才是你的幸福。——狄慈根

一切利己的生活都是非理性的,是动物的生活。——托尔斯泰

只爱一个人是种野蛮的行为,因为其他人就因此牺牲了。——尼采

人把自身分裂成精神和肉体、理智和感觉、灵魂和躯体、责任和意欲……,他对事物的看法随着这种分裂而改变。——雅斯培

神秘的不是世界如何存在,而是它竟然存在。——维特根斯坦

人类注定要受自由之苦。——萨特

一个有纸、笔、橡皮擦,且遵守严格行为准则的人,实质上就是一台通用图灵机。——图灵

唯有自杀是真正严肃的哲学问题。——加缪

我们反抗,所以我们存在。——加缪

信息可以告诉我们一切问题的答案,但尽是那些我们没有问的问题。——布什亚

DAY6 & DAY7
第六章　实践哲学

今天，我简单整理了几个哲学家们最常使用的哲学思考工具。正所谓"工欲善其事，必先利其器"，拥有了这些哲学思考的基本工具之后，我们才能够更有效地在生活中实践哲学。

有了哲学知识，还需要哲学能力？
——锻炼哲学思考的五大工具

前面五天，我们介绍了许多哲学知识，这些知识包括了简要的西方哲学史、名号响亮的哲学家与相关哲学主张、哲学领域的几个基本区分方式，以及当我们的生活面临种种困难问题时，哲学的引入可以如何帮助我们思考这些问题。

但是，这本书的目的除了让读者能够认识哲学外，还希望读者在日常生活中实践哲学。而要实践哲学，只有哲学知识是不够的，我们还需要哲学能力。我们可以把哲学能力想象成一种工具，一种帮助我们思考问题、讨论问题、回答问题的工具。

因此，要能够放下书本外出实践所学，习得哲学思考的基本工具是必备的哲学能力。

工具一　通过询问来确认问题

我们大概都会同意，当我们在与其他人讨论问题时，"聆听"是一项很重要的能力。毕竟我们彼此之间在做的事叫作"讨论"，讨论需要了解对方的想法，而安静的聆听可以让我们专注在对方的想法上。

但是，很多时候只有聆听是不够的，为什么呢？事实上，对于两个不同的个体来说，在语言的掌握上势必有某种程度的差异。因此，尽管是同一个词、同一个语句，对双方来说很有可能产生不同的理解。比如说，假使我们要求双方在一张纸上同时定义某一个特定的字词，可以想见这两人给的定义大概不会一模一样。在这种情况下，如果只有聆听，很容易会因为双方对于语意理解的不同，造成讨论上的困难。因此，在从事哲学讨论时，"询问"的使用是一项必备的技能，尤其是针对那些讨论中的关键字，双方更要必须能够精准地了解对方的意思。在这种情况下，讨论才有可能进行下去。

询问的目的，除了是让双方能够在相同的语言下（对于某些意义模糊的字词拥有类似的理解）沟通，还有另一个很重要的目的，就是"确定问题"。很多时候，当我们问出一个问题时，这个问题常有很多种诠释方式。如果双方在讨论这个问题时，对于此问题没有同样的理解，讨论就没有办法产生交锋。

举例来说，假设在某次讨论中，双方讨论的问题是：阶级的差异是否应该存在于社会？甲说："当然应该存在啊，一群人生活在社会上，本来就要能够分工合作，阶级的划分就是为了让人们分工，做好自己应该做的事情啊。"相反地，乙在听了以后，十分不服气地说："怎么可以呢？人应该是生而平等的啊！怎么可以有阶级之分？没有一个人可以比另外一个人更高阶级啦！"如果我们仔细听两人的对话，可以发现两人讨论的可能不是同一个问题，也因此，两人的对话可能没有任何交锋。

这个例子的关键在甲与乙对于"阶级"有不一样的理解。对甲来说，阶级可能仅是指一种专业上的分工，社会上总是需要有人出资、有人出力。而在有人出力的部分，又可以区分成有人出脑力、有人出劳力。在这种分工的情况下，阶级自然而然便会产生。人与人之间有这样的分工模式之后，社会才可以正常、有效地运作。这种分工不涉及人的价值，只是一种专业上的分工。

但是对乙来说，区分阶级显然是一种对人身价值的区分，就像古印度教那样，将人分为祭司、贵族、平民与奴隶。这种将人做出价值上的区分，违背了我们人生而平等的主流价值观，不应该存在于社会中。

姑且不论两人说的话有没有道理，从这个例子中，我们可以看出"确认问题"的重要性。一旦对问题有不同的理解，接下来的讨论都没有太大的意义。因此，一个问题出来之后，首先要做的事情，就是通过"询问"确认这个问题到底想要"问什么"。一旦确认了问题之后，双方才可以开始进一步地讨论问题。

"确认问题"还有一个很大的优点,很多时候,在双方将问题的意思确定下来之后,整个问题的答案因此也变得清晰了。让我们来思考一个著名的哲学问题:假设在一个杳无人烟的树林里,一棵树被雷劈中而倒下了,那么,这棵树倒下时是否发出了声音呢?

这个问题看来似乎有点困扰人,说有发出声音吧,好像没有办法证明(毕竟杳无人烟);说没有发出声音吧,好像又不符合我们的常识。但是,如果我们把"发出声音"这个词做更多的说明,比方说,发出声音的意思就是被某个人听见。那么,我们显然可以说,在这个例子中,这棵树倒下没有发出声音。如果我们把"发出声音"解释为造成空气某种频率的震动,那么,根据物理定律,我们可以很确切地主张,这棵树倒下时发出了声音。

你看!确认问题的意思之后,答案是不是轻易地就呼之欲出了呢?有些哲学家认为,我们之所以有许多的哲学问题,其实只是我们对于这些问题中所涉及的语词的意义不够清楚罢了。换句话说,一旦我们能够掌握所有语词的意义,哲学问题就不存在了。不管这一派的哲学家是不是对的,至少从这种想法中,我们可以知道"确认问题"在讨论中的重要性。

工具二　类比法

人类是一种善于譬喻的动物,很多时候语言有其局限性,当哲学家没有办法适当地透过语言说明自己的想法时,类比与譬喻就变成一种很好的工具。对哲学家来说,类比法无疑是一种十分好用的工具,当他们的想法过于抽象,以致人们难以理解时,使用类比法通常是一种最有效的选项,可以让人们在很短时间内,通过其他更具体的东西,理解哲学家想要表达的意思。有些时候,一个适当类比的说服力,甚至强过哲学家绞尽脑汁所建构出来的论证。举例来说,在中世纪时期,许多哲学家试图通过论证来证明上帝存在,我们也在先前的章节提到不少相关的论证(非类比论证),这些论证当然都有某种程度的说服力,但是比起使用类比法论证上帝的方式,说服力又如何呢?

现在,让我们考虑一种关于上帝存在的类比论证。

这个论证是由英国哲学家威廉·佩利（William Paley, 1743—1805年）所提出的：如果你今天在海边散步,发现一只做工精细的手表掉在沙滩上,你肯定不会认为这只做工精细的手表是海浪与沙子、小石子等原料,通过某种巧合（海浪的拍打与撞击）而创造出来的物体；反之,你会认为这只手表一定是某种有意图的设计,必定是某个表匠精心制造出来的。同理,在我们所生存的世界上,从科学研究可以发现,这个世界就像一台精密的仪器,遵守着某种规律在不停地运作。这个完美遵守某种物理法则的世界,绝对不会是一种巧合,背后肯定有个设计者设计出这一切,而这个设计者必定就是上帝,因此上帝必定存在。

类比论证比起一般的演绎论证,差别在于演绎论证是透过逻辑所做出的证明,因此,要使用演绎论证说服他人,此人至少要有某种程度的逻辑推理能力,否则只是对牛弹琴。但是类比论证不一样,它不必要求人们有某种程度的逻辑推理能力。如前所述,人类是种善于使用譬喻的动物,因此,类比论证对他人逻辑能力的要求算是小得多了。

类比法虽然有时候可以用来支持我们的主张,但很多时候,类比法的运用并没有这么强的效果,只能够用来让他人更轻易地"理解"我们的主张。这里的效果仅只有"理解",而非"证明"。这种运用类比法的方式,我们可以通过著名的"桶中脑论证"[1]来说明。"桶中脑论证"是一种支持怀疑论的类比论证,根据怀疑论,我们所身处的外在世界有可能是虚幻的,不是真实的,因为我们有可能受到欺骗。光是这样说明,听起来实在很抽象,"我们有可能受到欺骗"是什么意思？为了能够让人们更清楚"怀疑论"到底在说什么,哲学家帕特南透过"桶中脑"做类比。身为桶中脑,我们所拥有的感官经验都不是真实的,而是被刻意输入的。有了这样的图像之后,我们似乎可以更轻易地理解"怀疑论"这个哲学理论的想法了。此外,用"桶中脑"做类比,

---

[1] 第五篇章的"我所存在的世界是真实的吗"一节中曾提及这个论证,这里不再赘述。

只能让我们了解怀疑论的主张,尚不足以作为一个证明"怀疑论"为真的类比论证[①]。

类比虽然是个好用的工具,但也是个我们必须小心使用的工具。类比法的主要目标就是撷取出我们想要说明的抽象例子的特性,然后将这些特性类比到其他比较具体的例子上,以此将抽象事物具体化。因此,要能够成功使用类比法,我们必须精确撷取出需要保留的特性。如果有些必要特性没有被保留下来,从而使得类比的例子与原来的例子在架构上有出入,很可能会造成错误的类比,无法达成一开始的目的。

工具三 归谬法

如果类比法是一种用来支持某个主张的方法,归谬法就是一种用来反驳某个主张的方法。归谬法在人类社会中,除了哲学家时常使用之外,数学家也经常在做证明时使用[②]。我们可以这样理解"归谬法"的意思:我们先假设一开始的论点是成立的,但是基于这个论点的成立,我们可以因此推论出不合理的后果。如此一来,为了避免这种不合理的后果,我们只好反对一开始的假设,也就是改为主张一开始的论点不成立。

在哲学讨论上,归谬法是一个十分常见且具杀伤力的方法,我们可以在很多的哲学讨论中发现其踪影。举例来说,在规范伦理学领域中,当我们讨论哪些行为是道德上对的行为时,"效益主义"一直是具有深远影响力的主张。效益主义者认为道德上对的行为,就是能够带来最大效益的行为。这样的说法确实具有一定程度的说服力,比如说,当我们设想一栋大楼里关着一百名人质,歹徒从中挑选出一名人质,并且跟他说:"只要你愿意牺牲自己,我就放了剩下的人;否则,全部人都得死(包括此人)。"在这种情况下,假设我们只有两个选项:一是所有人都死亡,二是此人被牺牲。根据效益主义,道德上对的行为是牺牲此人,换取他人的性命,这

---

① "桶中脑论证"最多只能说怀疑论"有可能"是真的。
② 在数学上,归谬法通常被称为"反证法"。

样的想法看起来也比较符合我们的直觉（许多电影都有这种牺牲少数换取多数的片段）。

这样的想法对许多人来说有其道理，但是，有些人则透过"归谬法"来论证，假设效益主义是正确的，会产生我们无法接受且不道德的后果。怎么说呢？让我们设想另外一个例子，在一个社会上存在一名杀手，姑且称他为杰克。杰克在一个月内杀了许多人，因为杰出的身手，他一直都没有被政府逮捕。既然杰克没有被逮捕，社会上当然人人恐慌，政府也因此失去了民众的信任。直到有一天，政府接获可靠的消息，说杰克已经金盆洗手，不会再犯下杀人案了（先不管政府怎么知道这消息是可靠的）。但由于政府已经失去人民的信任，因此就算政府公布这个消息，也没有办法消除民众的恐慌。那么，对政府来说，最有效的方法就是抓一个人来，然后说他就是杰克，并且当场处刑。

在这种情况下，政府可以恢复名声，百姓也可以放下恐惧；这种方法比起公布杰克的消息更有效益。那么，根据效益主义，我们似乎必须说，这样的行为是道德上对的行为。但是，我们显然不会认为这样的行为在道德上是对的，因为有一个无辜者被当成替罪羔羊，而找人当替罪羔羊是一种不正义的行为。

先不论上述例子对效益主义者来说具有多大的杀伤力，至少在面对这个例子时，他们必须做更多的说明，以排除大多数人对于上述例子确实不道德的强烈直觉。从这里，我们就可以看出归谬法的威力。

归谬法有时会和类比法一起使用，举例来说，在应用伦理学上，有些人主张色情刊物应该被禁止，因为色情刊物会对人们造成伤害。假设这样的想法有其道理，会对人们造成伤害的物品应该被禁止，那么根据类比法，我们似乎还必须禁止汽车在路上行驶，禁止快餐店贩卖汉堡、薯条等致癌食物，禁止各种可能造成伤害的运动。但是禁止这许多东西，看起来是很荒谬的。因此，一开始的论点要么不成立，要么应该做出更细致的主张，以避免荒谬的结果。

工具四　思想实验

归谬法有其威力，但就如同类比法一样，它们都只是一种技巧，必须被小心地使用。归谬法的效果，很大程度上取决于人们对合理后果与不合理后果的共识。假设有些人就是不认为你根据归谬法所得出来的后果是不合理的，例如，有些人就是主张为了达到社会最大效益，有替罪羔羊的存在也没关系。在这种情况下，对这些人来说，归谬法无法达到原先想要达成的效果，也就不足以去反驳对方的论点了。

思想实验是哲学家最强大的工具之一。一如其名"思想"实验，哲学家在这一类实验中，不需使用昂贵的仪器，也不需仰赖具备各种专业能力的研究人员；哲学家所需要的素材就只有思考。

有时候，哲学家会因为思想实验而遭到人们抱怨。在做哲学讨论时，时常会听到有人说："哲学家所设想的那些情况一点都不合常理，怎么可能会发生！"或者："设想那种不可能的情况，对于我们的问题根本一点帮助都没有！"这一类的抱怨，其实大多是出于人们对"思想实验"的误解。

事实上，思想实验的目的，是为了简化我们的思考。我们之所以在思想实验中排除许多因素，只留下与问题相关的必要因素，原因在于留下不相干的因素，对于我们想讨论的问题来说，只会阻碍我们的思考。而在现实上，我们没有办法排除这些不相干的因素，也因此这种情况当然不符合常理。其实，说穿了，如果那些实验可以实际进行，就不需要思想实验的介入了。思想实验所需介入的，正是那些我们没办法实际做实验、却又好奇在这种设定下会产生什么结果的问题。

举例来说，在政治哲学的传统上，一个著名的思想实验是"原初立场"[1]。罗尔斯在他的著作中，论述人们在这种处境下，将会失去许多与自己相关的信息，诸如性别、种族、宗教、偏好、才能等等。罗尔斯认为在这种情况下，人们所选择出来的制度才是真正公平的制度，也才能够作为社会的基本原则。

---

[1] 第三篇章的"罗尔斯"一节曾提过这个思想实验，这里不再多做说明。

这种情况显然不是真正做实验可以达成的，我们好像没有办法要求实验者同时失去这许多信息，因此，我们只好透过思想实验的方式来完成。

思想实验要能够成立，一个重要的特征就是：我们要能够保留与我们的目的相关的必要因素。比方说，在上述的思想实验里，罗尔斯想要论述的是公平的社会基本原则。因此，为了保留"公平"这个要素，他得在思想实验里将所有可能影响公平性的要素给消除。

让我们再设想另外一个思想实验，在心灵哲学的讨论中，关于"人格同一性"的问题，时常通过许多思想实验来讨论。当我们说"昨天的我等于今天的我"时，这里所说的"等于"是什么意思？换句话说，要满足哪些条件，才能够说"昨天的我等于今天的我"呢？在这个问题上，帕特南给出了一个思想实验，这个思想实验或许无法给出上述问题的答案，但至少可以让我们从中测试出，对我们来说，"等于"是什么意思。

设想一种太空旅行方式，现在你面前有一台机器，这台机器的功能是扫描你的身体，获得你身体所有细胞的组成成分与排列方式，扫描完毕后会立刻销毁你的身体。接着，在火星上有一台相同的机器，这台机器接收到你身体细胞的蓝图，然后利用火星上的元素，根据这张蓝图把你组合出来。这个被组合出来的你，跟原本在地球上的你拥有完全相同的心理特征与同样形式的身体组成。而且，你在火星上有意识之后，会以为自己是从地球来的。现在问题来了，在这种情况下，火星上的你跟原本地球上的你，是不是同一个人？

有些人可能认为不是，因为故事已经说得很清楚了，我的身体已经被销毁，火星上那位只是一个复制品啊！但是对另外一些人来说，他们或许会认为是同一个人，因为两者拥有同样的记忆；身体虽然由不同的元素构成，但是其构成形式两者没有差别。也可能有一群人认为，身体跟心理都不重要，同一个灵魂才是最重要的。

虽然这个思想实验没有告诉我们，到底"同一个人"是什么意思，但是我们至少可以知道这个问题"可能"是什么意思。"同一个人"可能是同样的记忆，也可能是同样的身体，或者，同样的灵魂。这正是思想实验另外一个优点,当我们在面对一个问题时,我们可以透过思想实验来思考,针对这个问题有哪些可能的答案。

当然,思想实验也有其限制。有些人认为思想实验时常设想"不可能"的情况,这对我们的问题没有帮助。对哲学家来说,这些人口中的"不可能"通常不是真正的不可能,只是当下我们的科学无法达成,或者不符合我们目前接受的科学理论。哲学家对于思想实验的限制确实也有要求,不能够是不可能的情况,但是,哲学家口中的"不可能",不是上述意义之下的不可能。

那么,除了上述意义下的不可能之外,还有没有其他的不可能呢?有的。哲学家在思想实验限制中的不可能,指的是逻辑上的不可能[①]。换句话说,思想实验本身不能够违背逻辑律。为什么不能够违背逻辑律?因为思想实验的目的是在可能的情况下,设想出可能的结果。但是逻辑上不可能的情况,一般来说大概无法出现在现实世界中[②]。

工具五　简单性原则以及最佳说明推论原则

在做哲学讨论时,我们可能会遇到一种情况,就是双方针对同一个问题,各自给出了互不兼容[③]的答案,但是他们的答案都可以很好地回答问题,而且在解释力上也一样强。换句话说,所有甲可以回答的问题,乙同样也可以回答,而且两者的回答一样完整。在这种情况下,我们该如何判定理论的优劣呢?中世纪哲学家威廉·奥卡姆(William of Ockham, 1285—1349 年)提供了一个可能的解决方法,就是选比较简单的理论,这样的主张被称作"简单性原则"或者"奥卡姆剃刀原则"[④]。我们可以把这里的"简单"理解为:

[①] 逻辑上的不可能,意思是"会产生矛盾"。
[②] 在数学上,我们有可能容许违背矛盾律的数学命题,但是在现实世界中,一般不认为有可能存在真正矛盾的例子。
[③] 双方的答案没办法同时为真。
[④] 十四世纪哲学家奥卡姆拿剃刀比喻"简单性原则",指出当理论互相竞争时,如果理论的说明力相同,则我们应该剔除比较复杂、预设比较多的理论。

理论预设比较少，或者理论使用到的概念比较少。举例来说，古希腊亚里士多德时期，地、水、火、风与以太被视为构成万物的五种独立元素，世界上所有物体都是由这五种元素构成的，他也透过这五种元素说明世界上的各种现象。但是，我们也知道"原子理论"（atomic theory）在十九世纪初被提了出来，主张所有的物体都是通过原子组成。这两种理论在解释力上看起来似乎一样强，都可以说明事物组成的原因及现象。但根据简单性原则，前者必须诉诸五种概念，而后者只需要一种。因此，我们应该主张原子理论比起五元素论更为优秀。

除了简单性原则之外，另外一个哲学家常用来评价理论优劣的原则，被称为"最佳说明推论原则"。为什么我们除了简单性原则之外，还需要这个原则呢？有时候，当数个彼此竞争的理论都拥有同样强的解释力，而且在简单性上也不相上下时，我们没办法再通过简单性原则评价理论的优劣，只好再诉诸另外一个原则来决定，这个原则就是"最佳说明推论原则"。根据此原则，比较好的理论，是在解释上比较合理的理论。

举例来说，当小明时常想要约小美出去吃饭，却一直无法成功时，小明可以想象几种可能：（1）小美是同性恋，不喜欢跟男生吃饭。（2）小美生性害羞，不敢跟男生出去吃饭。（3）小美不喜欢小明，不想跟他出去吃饭。上述三种理论在解释力上一样强，而且同样简单，都只有一种理论预设。但是，根据最佳说明推论原则，我们大概会认为最合理的解释就是三，小美不喜欢小明，所以才不跟他出去吃饭。

尽管简单性原则与最佳说明推论原则是很好用的原则，也时常被哲学家使用，但这不代表两种原则所决定出的理论就是正确的。举例来说，在心灵哲学领域中，我们时常会感受到所谓的"心理现象"。比方说，当我们想要喝水时，我们会感受到口渴；当们我想要吃饭时，我们会感受到肚子饿；当我们看到悲剧时，我们会感受到悲伤。这种种心理现象，似乎暗示着存在一种独特的心灵实体，而这种实体不同于我们的物理性肉体。心物二元论者正是主张有所谓的心灵实体，并以此来说明心理现象。但是，物理主义者认为，他们可以通过大脑神经的运作说明这些心理现象，如此一来，他们就不需要预设有心灵实体。从简单性原则来看，物理主义似乎是比较简单的理论，但是物理主义是否为真，目前为止还有许多争议。

甚至有些时候，比较简单的理论反而比较有可能是错误的。比方说，对于人类的存在，有一派影响广泛的说法诉诸"演化论"，而另外一派同样具有影响力的说法诉诸"神创论"。这两种理论比起来，当然是"神创论"比较简单，因为神创论只预设了神的概念，演化论还预设了基因、天择的概念。除了上述两种主张之外，我们甚至可以主张人类其实是外星人创造的生物。从理论复杂度来看，三种理论比起来，绝对是演化论复杂多了。在这种情况下，简单性原则好像会判断"演化论"是较差的理论，但是现在一般都认为演化论比较有可能是真实的。

我们看看"最佳说明推论"的反例。公元十七世纪左右，当时对于"天空中的星星为什么会挂在天上"有两种说法：一种说法是天空是一个大壳层①，由一层层的硬壳所组成，星星就镶嵌在这些硬壳上，因此它们才会看起来像是被挂在天上。另外一种说法则反对宇宙是一层硬壳，他们认为天上的星星其实就是浮在空中的物体，没有所谓镶嵌在硬壳上这一回事②。如果我们是当时的居民，那么根据"最佳说明推论"，我们好像应该评价第一种理论比较好。为什么呢？其实很简单，因为在我们经验中，所有临空的物体都会往下坠，如果没有下坠，肯定是因为有某种东西支撑着。因此，对当时的人来说，在没有"引力"的概念下，主张那些星星镶嵌在硬壳上，会是比较合理的推论。毕竟，怎么可能会有东西可以没有任何支撑就浮在空中嘛！

从上述几个例子我们可以知道，不管是简单性原则还是最佳说明推论原则，都只是一种评价的方法，我们无法从这些原则得出正确的理论，最多只能够从这些原则中得出"比较有可能正确"的理论。尽管如此，上述的例子毕竟属少数，我们只需在判断的过程中知道有这么一个面向就可以了，不需因此放弃这两个原则。毕竟，在大多数情况下，根据这两个原则还是可以做出正确的判断。

---

① 这种主张是根据"地球中心学说"的世界观。
② 这种主张是根据"太阳中心学说"的世界观。

在辛苦读完上述五个重要哲学思考工具之后,一个最好的练习方法,就是回顾这本书里所提到的哲学讨论,并且从中整理出这些讨论分别使用了上述哪些哲学思考工具。一旦真正熟悉这些思考工具,我们便可以正式放下书本,出外实践所学了。

生活中的哲学问题无所不在,只要你仔细观察,不论是从他人的言语中,还是反省自己平常认为理所当然的想法,都可以轻易地从中发现许多哲学问题。

对日常生活中的哲学问题较不敏感的人,可以先尝试从这本书里的哲学问题出发。在这本书里,我们提到了非常多的哲学主张与哲学问题,这些主张与问题在书中只有最简要的说明。因此,读者可以从书中的内容开始,往外发展出自己的一套哲学观。

3分钟重点回顾

1. 想要像哲学家一样思考,只学会哲学知识是不够的,我们还需学会哲学能力。

2. 哲学思考的五种工具包括:通过询问确认问题、类比法、归谬法、思想实验、简单性原则以及最佳说明推论原则。

3. 确认问题是哲学讨论中的起点,也是最重要的一环。双方只有在对问题有同样的理解后,才有可能开始有意义的讨论。

4. 很多时候,问题一旦被确认下来,答案也就呼之欲出了。

5. 哲学家通过类比法,将比较抽象的概念类比到比较具体的概念上,如此不但可以增加理论的清晰度,也可以增加理论的说服力。

6. 使用类比法时,要能够精确掌握类比的例子与原来例子之间的架构。一旦两者有架构上的不一致,便很有可能导致错误的类比。

7. 归谬法是一种用来反驳对方论点的方法,先从对方论点成立为起点,如果可以因此推论出我们难以接受的结果,就表示对方论点不应该成立。

8. 归谬法也是一种使用上需特别小心的技巧。归谬法要能够有效地攻击对方的论点,前提是双方对于合理的后果与不合理的后果看法类似。

9. 思想实验的目的,在于简化我们的思考。我们思考问题时,常有许多因素是不必要的。排除这些因素,可以让我们更专注在与问题相关的因素上。

10. 思想实验虽然可以异想天开,但有个必要的限制,就是不能够设定"逻辑上不可能"的情况。一般认为这种情况没有机会出现在现实世界。

11. 如果对立的理论之间具有同样的解释力,那么在评价理论优劣时,我们可以诉诸"简单性原则"或者"奥卡姆剃刀原则"。

12. 如果对立的理论之间不但具有同样的解释力,也同样地简单,我们还可以透过"最佳说明推论原则"评价理论的优劣。

13. "简单性原则"与"最佳说明推论原则"最多只能区分出比较有可能正确的理论，不能够用来确定理论是否正确。

Day 6 & Day 7
哲学语录

读书不是为了雄辩和驳斥,也不是为了轻信和盲从,而是为了思考和权衡。——培根

真理就是具有这样的力量,你愈是想要攻击它,你的攻击就愈加充实和证明了它。——伽利略

愈是接近真理,愈加发现真理的迷人。——拉梅特利

让我们陷入困境的不是无知,而是看似正确的谬误论断。——马克·吐温

许多人宁死也不愿思考,事实上,他们也确实到死都没有思考。——罗素

想象力比知识更重要。——爱因斯坦